東アジアに平和の海を

立場のちがいを乗り越えて

前田朗・木村三浩 編著

彩流社

まえがき

本書は「東アジアに平和の海をつくる」というスローガンを掲げて開催された3回の座談会の記録を柱に成り立っています。

日韓関係を見ると、歴史認識や領土問題をめぐって論争が絶えません。論争はどんどんやればいいのですが、歴史認識や領土問題となると利害対立ばかり激化して、冷静な議論ではなくなってしまいます。双方ともにナショナリズムに火が付いてしまい、相手に罵声を浴びせ、ののしることで論争したつもりになっている例が目立ちます。

日中関係も、一方で歴史認識と領土問題、他方で中国経済の肥大化と軍事力強化もあり、日本側はアメリカ頼みで対抗しようとするため、やはり利害対立が複雑化してしまいます。

欧州では冷戦が終結して四半世紀になりますが、東アジアはいまだに冷戦のただなかにあるのかもしれません。

プロローグでは、混迷する世界と東アジアをどのように見るのか、そこにおける日本の位置と役割をどのように考えるかについて、編者（前田）の認識を簡潔にスケッチしています。

第1〜第3章では、3回の座談会の記録を収録しています。

まず第1章「東アジアに平和の海をつくる――竹島／独島《ドクト》問題を手掛かりに」は、木村三浩（一水会代表）、康熙奉（在日朝鮮社会科学者協会）、朴炳渉（竹島＝独島問題研究ネット）のパネラーによる討論の記録です。竹島／独島問題を中心に、日韓関係、日朝関係を論じています。

次に第2章「東アジアに平和の海をつくる――尖閣諸島問題」は、木村三浩、陳慶民（東京華僑総会副会長）、岡田充（共同通信客員論説委員）の3人による討論です。

最後に第3章「東アジアに平和の海をつくる――領土、国民、ナショナリズム」は、木村三浩、金東鶴（在日本朝鮮人人権協会事務局長）、四宮正貴（四宮政治文化研究所代表）、清水雅彦（日本体育大学教授）、鈴木邦男（一水会顧問）の5人による討論の記録です。

歴史認識や領土問題といった論争課題について、異なる立場の論者が、時に自らの所見を押し出しつつも、相手の意見を尊重し、聞くべき時は聞き、論ずべき時は論ずるという冷静な議論を心がけました。激しい言葉を投げ合ってパフォーマンスをすることを論争と呼ぶと勘違いするのではなく、自己と他者の見解の異同をていねいに仕分けし、対話を積み重ねることが、今後の論争のためのステップとなるはずです。

毎回、編者の前田が司会を務めました。司会進行に力を注いだため私見を提示する機会が少なかったこともあり、プロローグで前田の世界認識を一定程度示すことにしました。

3回の座談会は主に2013年前半期に開催されたため、その後の情勢に合わせて若干の補正を行いました。また、プロローグ及び註において現状に即したものとするよう補充しました。

前田朗

目次

プロローグ

混迷する世界と東アジアを生きる

前田朗（東京造形大学教授）

本書は、東アジアにおけるもろもろの対立と緊張を受け止めながら、立場の異なる論者がそれぞれの主張を提起し、立場の違いを理解しあい、相互批判を深めることによって次のステップを模索する課題へのチャレンジです。

論者の主張は時に対立し、時に共鳴しつつ、複雑に交錯しあっていますが、プロローグでは編者である前田の認識を一定程度披歴しておきます。

❖2015年のパリ銃撃事件

２０１５年は**パリ週刊誌襲撃事件***という衝撃とともに始まりました。しつようなイスラム教風刺・揶揄漫画掲載に対する**イスラム教徒***の怒りが、銃撃事件という衝撃的で残念な事件に発展してしまいました。
フランスを先頭に欧州諸国では「表現の自由」の大合唱が沸き起こりました。オランド大統領とフランス３００万の熱狂は「私はシャルリー。表現の自由を守れ」と叫びました。オランド大統領はただちに「イスラム国（ＩＳＩＬ）」への空爆強化を指令するとともに、「**テロとの戦争***」を呼号して国内にも軍隊を配備しました。軍隊と警察が厳戒態勢を敷く中、「表現の自由」というむなしい言葉が響き渡ることになりました。そもそも近代憲法の表現の自由とは権力を監視するための報道と

＊パリ週刊誌襲撃事件
２０１５年１月７日、風刺週刊誌を発行する「シャルリー・エブド」本社を武装した犯人が襲撃し、編集長、コラム執筆者、警官など12名を殺害した。犯行動機は同誌がイスラム教を侮辱し揶揄する漫画を掲載してきたこととされる。同誌に対しては以前から世界的な抗議デモがなされ、放火事件も発生していたが、揶揄と侮辱を止めなかったため襲撃事件を招いたと考えられる。

＊イスラム教徒
イスラム教風刺画に対するイスラム教徒の反発は二重の意味があることが忘れられがちである。一つにムハンマド（マホメット）を揶揄した漫画

いう武器でしたが、今や「権力に守られた言論によるマイノリティ差別表現の自由」が謳歌されています。この矛盾に気づかない「表現の自由論者」は、実は「表現の自由破壊者」にすぎないのではないでしょうか。

パリ銃撃事件とその後の状況は、さまざまな論点を提起しています。テロは許されませんが、それではテロとは何であり、誰がテロを認定するのでしょうか。**国家によるテロ**＊はなぜ非難されないのでしょうか。風刺の文化には宗教改革やフランス革命の成果という歴史的意義がありましたが、フランスの文化はイスラムの文化より優越するのでしょうか。テロの温床となっている中東その他の地域における紛争と抑圧と経済的疲弊をいかに解決するのでしょうか。

問題はフランスとイスラムの対立ではなく、富が集中する豊かな西欧諸国と、資源を奪われ文化を消費される周辺諸国の間に固定化されたグローバリゼーションと呼ばれる格差構造です。かつての植民地支配に由来し、現在も「**新植民地主義**＊」が語られますが、資本の運動は国境を超え言語や宗教を超えて、世界を巻き込んでいきます。パリで炸裂した憎悪はその象徴として理解するべきでしょう。

への反発であるが、それ以前に、そもそも偶像崇拝を否定するイスラム教の価値観に立てば、どのような漫画であれ描くことそれ自体が反発を生みだす事を忘れてはならない。

＊テロとの戦争
２００１年９月11日の「同時多発テロ」に対して、ブッシュ米大統領が掲げた「テロとの戦争」は当初から終わりなき永久戦争の様相を呈していた。米軍戦略の用語だったが、その後、欧州諸国にも採用され、国連でも語られるようになった。

＊国家によるテロ
テロリズムは政治目的のために暴力に訴える行為を指し、日本では「テ

❖イスラム国vs日本政府

グローバリゼーションが日本を巻き込んできたことは言うまでもありません。日本経済が世界経済の一部としてあるだけではなく、日本政治が世界政治にアクセスしてグローバリゼーションの恩恵を手にすることもあれば、思わぬ余波で混乱をきたすこともあります。輸入食品の安全性から、来日外国人（移住者、留学生、観光客等）の増加、在外日本人の安全など、多様な問題がつねに話題となってきました。

パリ銃撃事件で安倍晋三首相は、直ちにオランド大統領に「日本はフランスと共にある」とメッセージを送りました。メッセージは「表現の自由を守る」という文脈でも理解できますが、同時に「テロとの戦争に参加する」とも読めます。安倍首相の意識には含まれていないかもしれませんが、「マホメットのポルノ漫画を擁護する」という意味にもなります。中途半端なメッセージを、誰がどのような立場でどのように受け止めるかは不確定であり、慎重を期す必要がありますが、安倍首相にはそうした配慮が見られませんでした。

パリ銃撃事件後、外遊に出かけた安倍首相はエジプト、ヨルダン等でテロ対策の国際協力を打ち出し、テロ対策への経済援助を約束しました。テロ対策の必要性はたしかにありますが、フランスと違って市民的自由の保障が確立しているとは言い

ロ」と省略して用いることが多い。歴史的にはフランス革命時に行われた恐怖支配が言葉の由来であり、国家によるテロを意味した。今日では国家によるテロではなく、民間人による抵抗をテロと呼ぶことが増えている。

＊新植民地主義
1960年代以後の植民地解放にもかかわらず、旧植民地における政治や経済がかつての宗主国による「秩序」に組み込まれているため、独立国でありながら旧宗主国によって支配されている実態を指す言葉である。

難い諸国のテロ対策（軍事と警察によるテロ抑止）に経済援助することは、各国における人権侵害、表現の自由の抑圧につながる危険性が高くなります。自由を擁護するはずのフランスでさえ、軍隊による厳しい監視社会となってしまいました。まして、援助の中にイスラム国対策が含まれていましたから、挑戦状を叩きつけたわけで、イスラム国が反発するのは必至でした。

案の定、1月20日、イスラム国は２人の日本人を人質とした映像を公開し、日本政府に対して法外な身代金を要求しました。

人質をタテに身代金を要求する犯罪が許されないことは言うまでもありません。人質や殺害を手段としてきたイスラム国を相手とする交渉は極めて難しい問題をはらみます。アメリカは「交渉しない」姿勢を貫いているようですが、欧州諸国は交渉の結果、賠償金を支払ってきたとも言われます。それがイスラム国のさらなる非道に使われる結果となった疑いも指摘されています。

それでは、安倍政権はどうでしょうか。現地での裏交渉の詳細な実態は不明ですが、メディアの伝えたところによると、日本政府は現場の情報を入手できず、交渉したくても交渉窓口さえ見つからず、結局、何もできなかったと言われています。イスラム国との対決は空振りに終わりました。挙句の果てに２人の人質は殺害されました。稚拙な安倍外交の結果、２人の生命が失われ、主要マスコミはひたすらイスラム国を論難しました。イスラム国の責任は当然ですが、イスラム国の性格を知りながらあえて挑戦状を叩きつけた安倍政権にいかなる成算があったのかこそが重要です。何もできなかっただけではなく、最初から何もするつもりがなかったのではないかと疑われています。

警察力の範疇の問題であるにもかかわらず、自衛隊海外派遣論が勢いを増した点では、安倍政権の目論見通りに事態が進行したと言うべきかもしれません。安倍首相帰国後、次々と防衛関連法制が国会に上程されているのは偶然でしょうか。

❖ナショナルなものとグローバルなもの

グローバリゼーションの進行は、世界各地でナショナルなものへの視点や意識に変化をもたらしています。宗教対立、民族対立、領土紛争、資源紛争を初め、多様な対立と紛糾が絡み合い、欧州でも中東でも**ヘイト・クライムとヘイト・スピーチ***が噴出しています。

かつては帝国主義国が世界に進出し、植民地や占領地に自己の言語、宗教、文化を押し付け、出先の文化や文物を「異国情緒」「舶来品」として持ち帰りましたが、進出する側は**国民国家***を形成・確立した時期でもあるため、ナショナルなものを基

＊ヘイト・クライムとヘイト・スピーチ
ヘイトを直訳すると憎悪であるが、人種、民族、言語、宗教、世系など一定の属性に着目した差別と差別の煽動を意味する。差別的動機による暴力犯罪をヘイト・クライムと呼び、そのうち特に言葉・表現による差別と迫害をヘイト・スピーチと呼ぶことが多いが、法

軸にインターナショナルが世界を覆ったことになります。

ところが、グローバリゼーションは必ずしもナショナルを前提としません。軍事的には連合軍が組織されます。多国籍企業が自在に世界を渡り歩きます。ＩＴの普及によって情報のグローバリゼーションが地球を一つにしました。ナショナルなものは不安定な位置に置かれることになります。

だからと言って、ナショナルなものが周縁化されて消えるわけではありません。むしろ、グローバリゼーションのただなかで、新たにナショナルなものが形成され、組織化されます。冷戦終結後、グローバリゼーションとナショナリズムが正面から衝突する時代に突入しましたが、同時にあちこちでナショナルなもの同士のぶつかり合いも続発します。資源、領土、気候、人種・民族、情報、技術移転、人材移転（頭脳流出）など、あらゆる場面でグローバリゼーションにおけるナショナル、ナショナルにおけるグローバリゼーションが火花を散らしています。

かくして現代世界を把握するための認識の枠組みが複雑化の一途をたどります。一つや二つの切り口では世界は解けません。多数の切り口を並べれば解けるわけでもありません。むしろ、矛盾・対立が深まって見えるだけです。

それゆえ、錯綜する複雑怪奇な現象を総合的に把握・分析するよりも、特定の視点に絞り込み、その他の要因を視野の外に置くことで、単純明快な世界像を打ち出

的定義は定まっていないとされる。

＊国民国家

国家内部の全ての住民を「国民」として統合することによって成立する国家と、そのイデオロギーのこと。複数の民族や国民を内部に抱えた帝国とは異なり、全ての住民が同一の言語や価値観を共有するべきだという同調圧力が強化される。一般に近代ヨーロッパの市民革命期に成立した国家が典型とされる。

す傾向が強まります。論壇に次々と有能・多弁な評論家が登場しては泡のごとく消えて行くのはこのためでしょう。

読み解きがたい世界で海図も羅針盤もなしに、日本、そして日本社会に生きる私たちは、どのように生きて行くのでしょう。こうした課題を、なるべく普通の市民の視点で、普通の市民の言葉で語り合うことはできないか。それが本書の一つの課題です。

❖領土問題と歴史認識問題——戦後70周年と日韓条約50周年

しかし、普通の市民と称した途端に、だれが普通の市民を名乗る資格を有するのか。その争いが始まりかねません。

日本社会には多様な人種・民族が居住し、多様な政治的立場があり、多様な認識枠組みが提示されてきました。政治やマスメディアの現場では、民主主義のもとに、より多数の支持を得るための論戦が繰り返されてきました。

保守と革新、右翼と左翼、自由主義と計画経済、成長と安定、自由と平等、男性と女性……おびただしい二項対立で語られてきた現代日本の国家と社会ですが、その議論を深めるために様々な要因を追加登記し、議論の土俵に上げて行く必要があります。

２０１５年は、国際社会においても**第二次大戦終結70周年**＊という節目の年であり、ドイツ敗戦と国連中心の国際秩序の形成をめぐって様々なセレモニーや討論が行われました。

日本も第二次大戦終結の直接の当事者でしたから、２０１５年8月15日には安倍首相が「**安倍談話**＊」を発することを早くから繰り返し予告してきました。その前哨戦にも長い経過があります。

第一に、領土問題です。北方領土、竹島／独島、尖閣諸島をめぐる対抗には文字通り長い歴史がありますが、ここ数年を見ても日本とロシア、日本と韓国、日本と中国の間の交渉と敵対、対話と反発が繰り返されています。

第二に、歴史認識問題です。侵略をめぐって、日本軍「慰安婦」、南京大虐殺、東京裁判をめぐって様々な論戦が闘わされてきましたが、70周年に当たって論戦の激化は避けられませんでした。

また、日韓の場合には、１９６５年の**日韓条約50周年**＊でもあります。ここでも領土問題や歴史認識問題に直接つながる論戦が繰り返されてきました。

領土問題と歴史認識問題は相互に絡み合い、複雑な歴史の中で経緯を経てきたため、論点が周辺テーマに波及し複雑化し、いっそうの混迷に陥りかねない状況に至っ

＊第二次大戦終結70周年
１９４５年5月7日のナチス・ドイツ崩壊、及び同年8月15日の日本軍国主義崩壊により第二次大戦が終結し、国際社会は国連を中心とする安全保障体制に移行した。２０１５年5月、欧州において（また国連においても）70周年記念の様々な行事が行われた。8月から9月にかけてアジアにおいても対日戦争勝利などの記念行事が行われた。

＊安倍談話
２０１５年8月14日、安倍首相が表明した安倍談話は、一般論として植民地支配や謝罪という言葉を用いたが、日本の責任を半ば否認したため、評価が分かれている。

ています。

こうした紛糾が日本では「左右の対立」であるかのごとく語られる傾向が今でもないわけではありません。「もはや左右の対立ではない」と語られて久しいのですが、相変わらず「左右の対立」に押し込んで物事を理解する言説が後を絶たないのは、「保守対革新」の対立は過去に属したとしても、個別の論点ごとに対立軸を整理する際に、二者択一の対立軸としたほうがわかりやすいということもあるのでしょう。わかりやすさには思わぬ落とし穴があることも意識しておく必要があります。

「左右」であるか否かはともかく、東アジアにおける日本の位置をめぐる論争が「内と外」の軸をめぐって闘われることになるのは「自然」ですし、そこに自由、人権、平和、民主主義、国際主義などのタームをそれぞれの論者が自分なりの意味合いを込めて用いるのも避けられないことかもしれません。

こうした認識を踏まえつつ、「東アジアに平和の海をつくる」という課題を掲げて、異なる立場の論者が意見を闘わせるというのが、本書のもう一つの重要課題です。

❖嫌韓・嫌中・反日とヘイト・スピーチ

「東アジアに平和の海をつくる」と言っても、現実には政治・経済・社会の各局面

＊日韓条約50周年
1965年6月、日本と韓国の間で締結された日韓条約の50周年。日韓条約は両国の友好促進の柱となってきたが、植民地支配や戦時の諸問題を未解決のまま残したため、今なお批判が後を絶たない。

＊朝鮮と韓国
日本では「北朝鮮」という呼称が用いられるが、朝鮮民主主義人民共和国の略称は「朝鮮」である。「北朝鮮」と呼ぶのであれば、韓国ではなく「南朝鮮」としなければならないはずである。

において事態は複雑であり、さまざまな対立がはらまれ、しばしば悪化してきたことは周知の通りです。

日本国首相と韓国大統領が国際会議の場で言葉を交わしただけで「ニュース」になるような時代です。朝鮮半島では北の**朝鮮***と南の**韓国***の対立が続き、中国については「両岸」の緊張があり、香港の帰趨も目を離せません。

しかも、日本について言えば、過去と現在の双方において対立と不和の種が芽となり幹に育ってしまっています。

韓国における反日、中国における抗日は、歴史的背景とともに現在もなお火種が温存され、油が注がれるや、たちどころに燃え上がる性質のものとなっています。

日本における嫌韓、嫌中も、政治的対立に由来し、政治家やメディアが煽り続けたため、一定程度、社会に定着してしまいました。朝鮮に対しては激しい憎悪がむき出しになっています。このため東京、大阪、札幌、福岡など全国各地でヘイト・スピーチと呼ばれる排外主義活動が続いています。インターネットは文字通り憎悪の吹き溜まりとなっています。

ヘイト・スピーチは単に汚い言葉ではなく、マイノリティに対する差別と迫害です。マイノリティの人間の尊厳を傷つけ、生存権や生活権を否定し、地域から排除しようとする行為です。**日本国憲法第一三条***の人格権や**第一四条***の法の下の平等を

＊憲法第一三条
すべて国民は、個人として尊重される。生命、自由及び幸福追求に対する国民の権利については、公共の福祉に反しない限り、立法その他の国政の上で、最大の尊重を必要とする。

＊憲法第一四条
1．すべて国民は、法の下に平等であつて、人種、信条、性別、社会的身分又は門地により、政治的、経済的又は社会的関係において、差別されない。
2．華族その他の貴族の制度は、これを認めない。
3．栄誉、勲章その他の栄典の授与は、いかなる特権も伴はない。栄典の授与は、現にこれを有し、又は将来これを受ける者の一代に限り、その効力

否定するものですから、許されない犯罪です。

政治家やメディアは、こうした事態を改善するために努力するべきですが、一部の政治家やマスコミは逆に憎悪を煽ることに専念している始末です。

こうした時にこそ、対話が必要です。本書では領土問題（竹島／独島、尖閣諸島）について異なる立場からの相互批判を試みています。また、ナショナリズムと排外主義をめぐって意見交換を積み重ねる努力もしています。

❖構造的沖縄差別

国際関係だけではありません。国内においては、沖縄の米軍基地をめぐる情勢がつねに矛盾と対立を生みだしてきました。

沖縄県民の反対を弾圧して**オスプレイ配備***を強行したのに続いて、20年たっても普天間基地移転のめどが立たなかったため、日本政府は改めて再び辺野古移転をごり押ししようとしています。２０１４年の県知事選挙においても地元住民は基地のない沖縄への願いを明確に表明したにもかかわらず、日本政府は上京した知事に面会さえしないという非常識な手法で沖縄差別を強化してきました。

露骨で異様な沖縄差別は構造的差別として語られてきましたが、こうした事態が

＊オスプレイ配備　米軍のＶ－22は垂直飛行と水平飛行を可能とした、固定翼機とヘリコプター機能を有する航空機であり、事故率が高いことで知られる。米軍は、住宅地の中にあり「世界一危険な基地」と言われる普天間基地に、沖縄県民の反対を無視して、オスプレイを配備した。

＊琉球処分　１８７９年、明治政府は琉球王国を廃して、沖縄県を設置した。独立国家を強制併合したことになる。その過程は１８７２年の琉球藩設置に始まるので、その過程全体を琉球処分と呼ぶ場合もあれば、１８７９年の出来事を有する。

続けば、**琉球処分***に遡る歴史の総体に強く光が当たることになるでしょう。３５０年にわたる琉球王国の独立と平和の歴史が蘇ります。琉球と米国の間で締結された**琉米条約***という国際条約の意味が改めて注目されます。琉球王国が国際法の独立国であったこと、琉球処分が国際法に違反する「侵略」であったことが浮上してきます。その上で、日本に併合された沖縄県と沖縄民衆に対する差別の歴史が想起されます。沖縄戦、天皇メッセージ、米軍統治、沖縄返還、そして返還後の基地集中という歴史も再検討されるでしょう。

現在の東アジアの政治情勢における沖縄の位置はたしかに複雑であり、予断を許しませんが、日本政府が軍事化一本やりの路線で基地の押しつけを続けるのであれば、「本土」と沖縄の分断が強まり、沖縄住民の**自決権***、自己決定権の意識はいっそう強まるでしょう。最近、**琉球独立論***が改めて注目を集めているのも当然と言えます。

❖フクシマの問題構制

本書は原発問題を直接取り上げていませんが、本書の全体を貫く問題意識から言って、フクシマが持つ課題性は明らかです。

を琉球処分と呼ぶ場合もある。

＊琉米条約
１８５４年に結ばれた琉米修好条約など３条約は、琉球王国と欧米諸国の間の国際条約であり、琉球王国が国際社会の一員である独立国家であると認められていたことを意味する。このため琉球処分は軍事力による主権侵害であり、国際法違反であったのではないかが問題となり、当時の国際慣習法に照らして「不正」であったと見る国際法学者もいる。

＊自決権
各民族が自らの意思に基づいて、その帰属や政治的運命を決定し、他民族の干渉を認めないとする

第一に、フクシマとオキナワです。政治的経済的理由から「地方」にしわ寄せが起きることは、どの国でもありうることであって日本に特殊な現象ではありませんが、一般的な「中心」優遇と地方の冷遇に加えて、原発や基地といった「迷惑施設」の地方への押しつけが続いてきました。オキナワ住民の被害は軽視され、フクシマの被害はないことにされてきましたが、３・11以後、フクシマの被害が顕在化したことによって、日本の政治と経済がまさに構造的差別の上に成り立っていることが露見しました。そのことへの反省がなされていません。

第二に、フクシマとヒロシマ・ナガサキです。「原発と原爆」の問題構制は、アメリカやフランスでは明白でしたが、日本では別物として分断されてきました。しかし、３・11以後の事態の中で、「原発と原爆」が放射能被害という具体的な窓を通して見えてくるようになり、原発の歴史全体を見直す作業が続いています。核時代の危機は原発と原爆の両方を通してこの国を覆ってきたのですし、危機を曖昧化する戦略が見事に機能してきたことが、いま改めて検証されています。

世界的にはウラン採掘、燃料精製工場、原発労働と周辺住民、使用済み核燃料、劣化ウラン兵器、再処理工場、被爆・被曝医療の全体を通じて、放射能汚染を維持することによる利潤追求と、人間の生命と尊厳を守るための市民の要求とが、いたるところで衝突しています。

集団的権利。資源、言語、文化など様々な分野に及ぶ。ロシアのレーニンやアメリカのウィルソンが提唱したことで知られ、ヴェルサイユ条約で国際法の原則とされた。後に国連憲章、国連諸決議、国際人権規約に規定された。

＊琉球独立論
琉球処分の後、琉球王国の再興を求める運動が続いた時期がある。１９７２年の沖縄返還時にも、日本復帰を求める運動に対して、沖縄独立を訴える勢力が存在した。沖縄返還後の差別的状況に対して、同様に琉球独立論は繰り返し話題とされてきた。最近では、国際的なポストコロニアリズムの影響下に琉球独

❖集団的自衛権と「属国主義」

2014年7月1日、安倍政権は集団的自衛権の行使を容認する方針を閣議決定しました。それに続いて、集団的自衛権の行使にまつわる法整備が政治課題とされました。

半世紀以上の長い歴史の中で積み重ねられ、確立した政府見解を、一内閣の思いつきによる閣議決定で覆すという異様な手法は、クーデターと呼ぶべき無法ぶりです。

憲法第九条擁護を唱えてきたリベラル派だけでなく、憲法第九条を改定して国防軍を設置するべきと唱えてきた憲法学者の中からも、安倍政権の横暴さに対する懸念の声が上がりました。

ここでは集団的自衛権行使をめぐる憲法上の論争には立ち入りませんが、この間の経過で確認しておくべきことは、安倍政権の「**立憲主義**＊」に対する攻撃です。安倍政権は憲法第九条を攻撃するという以前に、そもそも近代憲法そのものを破壊し、否定しようとしているのです。

自民党は改憲草案を発表し、第一次安倍政権において憲法改正国民投票法を制定

立を研究する学会が発足した。

＊立憲主義
政府の統治を憲法に基づいて行う原理を指し、政府の権威や合法性が憲法の制限下に置かれているという考え方を指す。近代市民革命期に成立した近代国家では、自然法思想に基づいた立憲主義が広まった。日本国憲法は立憲主義に立っているが、自民党改憲案作成者が「立憲主義などという言葉は知らない」と述べたことで有名である。

したり、憲法改正の審議会を設置するなど、改正に向けた工程を進めてきました。

ところが、自民党改憲草案が立憲主義とは何かを理解していないと批判を浴びました。近代国家の憲法は「国民が国家を縛るルール」であるのに、自民党草案は「国民の義務」を掲げるなど、逆立ちした憲法論となっていたからです。

正面からの憲法改正が難しいかもしれないと見てとるや、**憲法第九六条***改正を持ち出しました。憲法改正手続きを変更して、改正を容易にすることでハードルを越えるという「秘策」ですが、あまりに露骨な便法が批判を受けることになりました。

そこで「第三の矢」として持ち出されたのが、閣議決定による集団的自衛権の行使容認です。

安倍政権のなりふり構わぬ手法は、日米安保条約体制を強化し、自衛隊の米軍協力と国防軍化に役に立つことなら何でもやるという姿勢です。対米協力のためなら立憲主義を無視し、憲法などないがごとくにふるまうという「属国主義」路線の犠牲はあまりにも大きく、取り返しのつかないものです。そこでは、憲法が破壊され、自由も民主主義も、平和も安全も、基本的人権も自己決定権も、すべてゴミ箱に捨てられてしまいます。

❖激動の世界の中で

＊**憲法第九六条**
この憲法の改正は、各議院の総議員の3分の2以上の賛成で、国会が、これを発議し、国民に提案してその承認を経なければならない。この承認には、特別の国民投票又は国会の定める選挙の際行はれる投票において、その過半数の賛成を必要とする。2．憲法改正について前項の承認を経たときは、天皇は、国民の名で、この憲法と一体を成すものとして、直ちにこれを公布する。

以上、現代世界と日本をどう認識するかを考えてきました。世界がどこからどこへ向かっているのか、論者の立場により、視点の設定により、さまざまな理解がありえますが、かつての冷戦期との対比で言えば、世界はまさに激動の時代にあり、その行く先を見定めることがひじょうに困難であることは間違いありません。

いずれにせよ、東アジアにおける日本の位置と役割をめぐって、私たちはどのような世界に生きたいのか、日本はいかなる役割を果たすべきなのか、もっともっと議論を活性化させる必要があります。

本書は、そのためのささやかな試みです。スタートラインに立つための模索と言ってもよいかもしれません。読者からのご批判・ご教示を歓迎します。

第1章　東アジアに平和の海をつくる
――竹島／独島問題を手掛かりに

木村三浩（一水会代表）
康熙奉《カン・ヒボン》（在日朝鮮社会科学者協会）
朴炳渉《パク・ピョンソビ》（竹島＝独島問題研究ネット代表）
前田朗＝司会（東京造形大学教授）

❖日本定刻主義と日本帝国主義

前田　予定の時間になりましたので「東アジアに平和の海をつくる」ための議論を始めます。市民運動の集会は10分や15分遅れて始まるのが普通なのですが、時間通りに始めるのが私の主義でして、「日本帝国主義」ならぬ「日本定刻主義」と称しています（笑）。

東アジア共同体とか、東北アジア平和構想とか、いろいろなことが言われてきましたが、やはりなかなか難しい。東アジアの緊張関係には厳しいものがあります。また、現在の領土問題――北方領土、竹島／独島、尖閣諸島にしてもいろいろなことがありますし、それ以外にも日朝、日韓、日中、それぞれの間で様々な懸案事項があります。そう簡単に「平和の海」と言えないことは重々承知の上ですが、領土問題で争いをしていても先が見えませんから、立場の違いは認めつつもお互いに相手に耳を傾け、ここからどういう議論を展開していけば良いのか、少し前向きな議論をしていきたいという趣旨で、今日のパネル・ディスカッションを準備しました。

まず最初に、木村三浩さんから問題提起の発言をお願いします。

木村　私はいわゆる新右翼・民族派団体の代表を務めておりますが、全ての民族団

＊一水会
作家・三島由紀夫の決起を契機にその憂国の精神を継承するために、1972（昭和47）年に設立された団体。戦後体制を打破し、対米自立・対米対等な真の独立国家を目指し、結成から一貫して民族自主独立の旗を掲げる。初代代表は鈴木邦男、現在の代表は木村三浩。機関紙月刊『レコンキスタ』（失地恢復）。

体を代表する立場ではなく、**一水会**《いっすいかい》*を代表する立場として、お話をさせて頂きます。

ところで、私は、「定刻」ではなく、本質的な意味で「帝国主義」的と言われるかもしれませんが、日本のナショナリズムと言いますか、日本が戦後に置かれている状況で、アメリカから独立をして日米安保条約を改めなくてはいけない、憲法も変えていかなくてはならないと思っています。**東京裁判史観***——日本の戦争についていろいろな評価がありますけれども、一方的に断罪された「東京裁判史観」、または「日本反省史観」を是正していかなくてはいけないと主張しています。ここにいる皆さんから見ると「天敵」であり、文字通り「帝国主義の復活を意図する発想ではないか」というご批判を持たれるかもしれしれません。今日は「東アジアの平和の海」ということで何ができるのか、異なる意見、見解の相違を踏まえつつ議論を深めていきたいと思います。

私は、一方では北朝鮮（朝鮮民主主義人民共和国）を2回訪問しています。今、日朝協議では外務省の課長、局長までレベルがあがってきていますが、今から6年前に訪朝しまして、戦前及び戦後直後に北朝鮮で亡くなられた**日本人残留遺骨問題***で、ご遺族の墓参、ご遺骨の帰還等を、朝鮮労働党関係者に要請してきました。朝鮮へのアプローチも、他の右翼の方々とは少し違った趣で、朝鮮の方々と

＊東京裁判史観
第二次大戦の戦後処理の一つとして実施された東京裁判（極東国際軍事裁判）とその判決を受容することを拒み、日本の戦争の正当性を唱える立場から採用された造語。東京裁判において日本の侵略戦争や戦争犯罪が裁かれたことに対して、勝者である連合国の押しつけ裁判であるとして、日本側の抗弁を提示する。皇国史観に立つ例もあるが、国際法を相対化する理論を採用する例もある。

＊日本人残留遺骨問題
植民地時代の朝鮮半島北部に在住した日本人の遺骨の収容・整理や、戦後の帰国者及び遺族の墓参問題。日本と朝鮮民主主

も対話を進めております。

　ということで、帝国主義的と言われれば帝国主義かもしれませんが、一方で、柔軟な対話をしていく姿勢も持っているつもりです。一水会は40年前に設立されたわけですが、初代代表は鈴木邦男（現在・一水会顧問。その後、評論家）です。私は鈴木顧問の下で一緒に30年くらいやっておりますが、鈴木顧問は立場の異なる方と対話、対論をしていこうという姿勢を持ち続けています。私もその姿勢に共鳴して、平壌にも行きましたし、ロシアとも交流を続けています。

❖アメリカ帝国主義を問う

木村　また、今年（2013年）、**アメリカのイラク侵略***本格化から10年になります。2003年3月20日、当時のジョージ・W・ブッシュ大統領が、「イラク政府が**大量破壊兵器***を隠し持っている」ということで単なるパフォーマンスとして査察を実施していましたが、隠しているということを口実に、イラクへの本格攻撃を開始しました。イラクでは軍人だけではなく、一般の方々も含め推定で15万人くらいの方が亡くなりました。ところが、イラクには大量破壊兵器はなかった。結局イラクが世界を脅かすというよりは、**パレスチナ問題***が根底にありました。ア

義人民共和国の間に国交がないため実現が困難とされてきたが、近年、人道的問題として再考され、墓参が実現するようになった。一水会はピョンヤンを訪問して遺族の墓参の実現を働きかけた。

＊アメリカのイラク侵略　2003年、アメリカ政府（ブッシュ政権）は「イラクが大量破壊兵器を保有している」「イラクがアルカイダと通じている」として、イラク攻撃を唱えた。国連安保理事会はイラク攻撃を容認する決議を採択しなかったが、アメリカは一部諸国と連合してイラク爆撃を強行し、サダム・フセイン政権を崩壊させ、サダム・フセインは処刑さ

メリカの口実はその後すべて誤りであったことが表明されました。ＣＩＡでさえ認めました。アメリカ議会でもあの戦争はおかしかったということが表明されたのです。それから10年経ちました。

私はナショナリストの立場として、アメリカのイラク侵略に断固反対しました。なぜかというと、私はイラクにこれまで23回訪問しました。イラク各地を訪問して、いろいろな説明を受けました。核兵器、生物兵器、化学兵器――いわゆるＡＢＣ兵器とか大量破壊兵器について、現地に行って様々なものを見て、説明を受けました。これはないという確証を得ました。そのことをテレビ、雑誌、新聞で発表してきました。

当時、マスコミはアメリカ側の意見をどんどん載せていました。朝日新聞、毎日新聞、中日新聞、東京新聞等に「大量破壊兵器はないのではないか」という記事がぽつぽつと出ていましたが、逆に「**サダム・フセイン***は独裁者で悪いやつで、人々を虐殺している、弾圧している」、「**クウェート侵略***をしてその反省をしていない」、「大量破壊兵器を持って今度はイスラエルを攻撃するのではないか。パレスチナのテロを支援している。アルカイダの**ビン・ラディン***のテロを後援している」というカッコつきの「情報」が洪水のように流されました。私はそうではない。これは西側のプロパガンダだろうということで、ささやかな抵抗を試みました。

れた。その後もイラクは内戦状態に陥るなど混乱を極めた。イラクには大量破壊兵器がなかったこと、イラクとアルカイダは敵対的関係にあったことが確認されている。イラク侵略に反対した日本の平和運動は「イラク国際戦犯民衆法廷」を開催し、ブッシュ大統領らの戦争犯罪を認定した。

＊大量破壊兵器
一般的に人間を大量に殺傷する能力を有する兵器を指す。国際人道法においては軍事目標主義が採用され、民間人攻撃や無差別爆撃が禁止されている。生物兵器、化学兵器、核兵器など、その兵器を使用すれば対象を特定できず、民間人が犠牲になる確率が非常に高い兵器

前田　木村さんは『**鬼畜米英——がんばれサダム・フセインふざけんなアメリカ!!**』*という本まで書いています。また、『**憂国論**』*でもイラク訪問報告をしています。

木村　イラクの現状を見てきた者として言わせていただければ、イラク側の主張はかなり筋が通っていました。サダム・フセインの言葉で言えば、「パレスチナ問題を解決しなくてはいけない」。イラクはクウェートを攻めたけれども、その際に彼が言ったのは、「我々はクウェートから撤退する。同様にパレスチナ地域からイスラエルも撤退しなくてはいけない。相互にリンケージをやろう」という提案です。ところが、誰も耳を貸さなかった。

　イスラエルのパレスチナ占領は、**国連決議２４２号、３３８号***があって、イスラエルは西岸地区、ガザ地区から撤退しなくてはいけないと、すでに国連決議がなされているにもかかわらず、不当な占領が続いている。アラブ側から見れば、無視できない、戦いをせざるを得ない。相手が対話に応じないから、レジスタンスしかないという、彼らの現状を見る必要があります。パレスチナ人民は一方的に土地を奪われていった。イスラエルに居座られている。これらを看過している国際社会はダブルスタンダート（二重基準）ではないか、正義が見失われていないか、ということなんです。

の使用が国際人道法に違反するか否かが議論されてきた。生物兵器禁止条約と化学兵器禁止条約が採択されたが、核兵器禁止条約は未成立である。大量破壊兵器委員会『大量破壊兵器——廃絶のための60の提言』（岩波書店）。

＊パレスチナ問題
長い歴史を有するため論者によってイメージが異なるが、一般に第二次大戦後のイスラエル建国とユダヤ人の移住に始まって生じた国際政治問題。それまで居住していたアラブ人が迫害され、土地を奪われ、パレスチナ難民となった。パレスチナの土地が分割され、イスラエルとパレスチナが作り出され、中東戦争が繰

私にはすごく胸にストンと落ちるわけです。私は、パレスチナの方々ともおつきあいをしています。ヨルダンも数多く行っています。アラブ人の本当に身につまされる思いを誰かが代弁しなくてはいけない。この現状にアラブ人として頑張って抵抗していこうという一所懸命さがサダム・フセインにはありました。しかし、そこに目を付けられて国際的な謀略みたいなことで倒されてしまったのです。

サダム・フセインが処刑された時、私は日本で唯一追悼集会をやりました。2003年12月31日に処刑されましたが、2004年1月17日に追悼集会をやりました。そういうことが私の考え方、思想の核にあることをご理解いただきたい。言ってみれば、不当な帝国主義には反対なのです。

前田　不当な帝国主義と、正当な、健全な帝国主義を区別できるかという論点になります。

❖竹島は日本の領土だ

木村　前置きが長くなりましたが、竹島問題では、私は、竹島は日本の領土であると思っております。今は**韓国が実効支配***をしていますし、領土問題をお互いに言

り返された。1993年にパレスチナの暫定自治を認めるオスロ合意が形成されたが、その後も事態は改善せず、抵抗運動としてのアル・アクサ・インティファーダに突入し、イスラエルによる爆撃と壁の建設がすすめられた。エドワード・サイード『パレスチナ問題』（みすず書房）参照。

＊サダム・フセイン
イラク共和国の大統領（1979〜2003年）。1980年代にはイラン・イラク戦争で、アメリカに対抗するイランと闘い、アメリカの支援を受けたとされる。1990年、クウェート侵攻を行ったため、アメリカを初めとする国際社会の反発を買い、「湾岸

い合ってこじれさせていくと、感情的なナショナリズムの対立・紛争しかないではないかと指摘されます。けれども、やはり問題解決をどうしていくのか、しっかりと考えていかなくてはいけない。私が日本の領土だという根拠は3点あります。

第1は、大日本帝国が崩壊して、それまで朝鮮を36年間、植民地として支配していたわけですが、日本が敗れて、朝鮮（韓国、北朝鮮）が独立します。そして、日本が連合国と**対日講和条約（サンフランシスコ条約*）**を結びました。実は対日講和条約そのものについて、私はおかしいと思っております。なぜなら、当事者である朝鮮や台湾の方々が参加できなかった。それを代行したかたちでアメリカやその他の連合国が日本との対日講和条約を結びました。条約第二条A項というのがあるのです。北方領土問題はC項です。B項は台湾問題、中国との問題です。

A項には、日本が朝鮮の済州島や附属する島々を放棄するということが書いてあるのですが、竹島は日本が放棄する島に組み込まれていません。占領軍総司令部が竹島を朝鮮側に帰属させるのか、日本側に帰属させるかということで迷うわけです。結果的に日本が放棄する島には入らないことになりました。ところが、韓国の**李承晩**《イスンマン》*大統領が、竹島が日本側に入れられてしまうということで、その前に「**李承晩ライン***」をもうけました。それで竹島を自分のところに編入してしまっ

戦争」の契機となった。その後、イラクが大量破壊兵器を保有することのないよう国連監視団が派遣され、調査が続けられた。２００３年、アメリカ・ブッシュ政権によるイラク戦争により政権が倒れ、サダム・フセインは米軍に身柄拘束され、イラク政府に引き渡され、処刑された。統治時代にはイラクの石油国有化を手始めに近代化を推進したことで知られる一方、個人崇拝と独裁を批判された。

＊クウェート侵略
１９９０年8月、イラクの軍事大国化と、アメリカとの良好な関係の下、石油の低価格増産路線をとるクウェートとイラクの対立が引き金となって、

た。本来ならばサンフランシスコ条約第二条A項がありますし、そうではないとしても、当事者間の協議がなされるべきだったのに、それができず韓国側が実力行使に出たわけです。

対日講和条約以前に遡ると、１９０５年の**日露戦争***の勝利、１９１０年の**韓国併合***とかいろいろ出てくるのですけれども、竹島を日本が領土編入したのは日露戦争の戦利品として獲得したとか、その前に日本側は野心を持っていたではないかと言われますが、実際、竹島を領土として経営し、開拓したのは日本人です。島根県や鳥取県の漁民たちはそこで操業し、アシカ猟をやってきました。歴史的な経緯は古くからいろいろありますが、とりあえず戦後、日本が負けた講和条約の時期に李承晩ラインを引かれて、取られてしまった。敗戦処理の問題として、これはおかしいのではないかということを、まず指摘させてもらいたいのです。

第２点は、日韓分断のために使われたり、朝鮮統一のために政治的に利用されてきたことに触れておきます。政治利用の問題です。朝鮮戦争が起きましたから、韓国側は日本と反共同盟を結ぶことによって、この問題を棚上げしたり、政治家が韓国国内の国民世論を利用するために使ったり、そういう意味での政治的な思惑が常にあって、竹島が使われてきました。日本側でも一時期、自民党の**川島正次郎**《かわしましょうじろう》*ですけれど、「竹島は日本と韓国の反共同盟に妨げになる。日韓関係

イラク軍がクウェートに侵攻した。侵攻の原因として、ペルシア湾への石油ルートの確保や、アメリカによる振興へのゴーサインなど様々な仮説が提起された。１９９１年1月、アメリカを中心とする連合軍（多国籍軍）がイラク侵攻を実施し、イラク軍はクウェートから撤退した。

＊アルカイダのビン・ラディン
イスラム主義を標榜するスンナ派教徒による国際ネットワーク。アメリカを初めとする西洋社会による政治的抑圧や文化侵略に対する批判的思考を提起したが、それが「テロ活動」に発展した。各地で米軍に対するテロ行為を行ったが、

を悪化させるので爆破してしまったほうが良いのではないか」と言ったと伝えられています。面積で言えば東京の日比谷公園と同じくらいの面積です。そのくらい重要なものなのかというと、何を政治課題として優先するのかということで、翻弄されてきた政治的経緯があります。反共同盟という政治的条件下でごまかされてきたという点が2点目です。

3点目は、竹島問題というのは領土問題であるのか、歴史認識問題なのか、ということです。私は純粋に領土問題であると思うのです。しかし、韓国側の主張は、日本に侵略されてきた歴史認識としてとらえて、それを跳ね返した韓国側の勝利の象徴として位置付けているのです。歴史問題なのか領土問題なのか、両者は切り分けて議論すべきです。我々から見ると、韓国側は領土問題に歴史をからませて使っていると見えるわけです。

そういうわけで、私はサンフランシスコ講和条約や当事者間の協議で決すべきところを、李承晩ライン――その前にはマッカーサー・ラインというのがあるのですけれども、これらによって奪われたわけで、敗戦国側からすると、これはおかしいと思います。

最後に、「東アジアに平和の海をつくる」ということで申し上げるとすれば、江戸時代に**朝鮮通信使***が日本に16〜17回ぐらい訪れています。対馬で**雨森芳洲**《あめのもりほうしゅう》*

特に2001年の「9・11」のアメリカ同時多発テロが世界に衝撃を与えた。アメリカは2001年10月、アルカイダが拠点とするアフガニスタンに戦争を開始、厖大な犠牲者を生みだした。続いて2003年3月、イラク戦争を本格化させた。2011年5月、精神的指導者のビン・ラディンが米軍によって殺害された後は、アイマン・ザワヒリが指導者になったとされるが、アルカイダが組織であるのかどうかには疑問が付され、各地でアルカイダを名乗る集団が独自の活動をしているとも言われる。

＊**『鬼畜米英――がんばれサダム・フセインふざけんなアメリカ!!』**

という非常に朝鮮を熟知された方が一所懸命、対応されていたということです。この朝鮮通信使の歴史を見直す中から、ひとつ現代の日韓関係の中で「平和の海」をどのように再構築していくかということも考えてみたいと思います。

前田　ありがとうございました。竹島は日本の領土であるということで3つの点にしぼってお話頂きました。続きまして、康熙奉さんから問題提起をお願いします。

❖対話できる民族派と対話できない右翼

康　私は主に政治学を専攻した者で、朝鮮の政治理論、朝鮮に絡む国際問題等を専門にしております。独島／竹島問題それ自体を専門としているわけではありませんが、今日は、今後の日朝関係の現状をどう見るのか、今後どうすれば良いのか、そういうことと絡めてお話することができるというので参加させて頂きました。

はっきり言いますけど、私は右翼は大嫌いです（笑）。なぜかというと、私が「左翼」だからです。日本的な意味での左翼に近い立場だからです。私が嫌いな右翼とは、ネット右翼とか在特会とか訳のわからない右翼です。一水会をはじめとする日本の右翼とは、私の中ではそんなに壁がありません。なぜかと言いますと、思想がはっきりしている。原則がある。原則を安直に曲げない。ですから、討論

木村三浩著（鹿砦社、緊急増補版）。国際世論を無視して終わり無き戦いに突入したブッシュの野望とは。内外の論客による滅びゆくアメリカへの警告である。

＊『憂国論』
木村三浩『憂国論――新パトリオティズムの展開』（彩流社）。アメリカ追随の空虚な政治的言語が飛び交う現在の情況は、まさに憂国の秋である。新右翼の論客がイラク戦争と日本の諸問題を縦横無尽に語りおろした話題の書である。

＊国連決議242号、338号
決議242号は1967年、第三次中東戦争の戦後処理のために国連安

や対話ができる相手なのです。しかし、訳のわからない右翼は何を言っているのかまったくわからない。原則もありません。本人も何をしたいのかわかっていないのです。言っていることが支離滅裂です。それに比べ、一水会は主張がはっきりしています。

木村さんも平壌に2度行かれたそうですけれど、私はある人のブログでそれを読ませて頂きました。朝鮮側も随分、柔軟に対応してくれたという話です。やはりそうです。朝鮮も私と同じような感覚なのではないかと思います。話し合える右翼だからです。そこの重みが違うと思います。私が学生の頃は、**赤尾敏《あかおびん》***という高名な右翼が有楽町で毎日演説をしていました。あれくらい根性がある右翼は、今の若い人たちにはいません。選挙が近くなると、国会議員がちらっとやっているくらいで、赤尾敏は毎日、街宣車に乗って演説をしていたわけです。それくらい腰を据えて右翼運動をする人たちは今少ないのです。私が見た限りでは、一水会はしっかりと右翼運動をしているので、私にとっては「敵」ですけれども、話し合える論敵だと思っています。

前田　論争に自信のない右翼は暴力や誹謗中傷に走ります。左翼も同じですね。一水会は民族派団体で論争にも力を入れていますし、相手から学ぶ姿勢も持っています。

保理事会が採択した。戦争による領土取得を否定し、中東の全ての国家が安全に生存できるような公正かつ永続的平和確保を強調。

決議338号は1973年、第四次中東戦争の停戦を促し、決議242号の履行を求めるために国連安保理事会が採択した。

＊実効支配
ある地域の領有権を主張する際に、ある政権がその領域を占拠し、実態として支配・統治していることを根拠とすること。現に支配していることが法的領有権を支える一つの根拠とされる。

＊対日講和条約（サンフランシスコ条約）

❖統一朝鮮の領土としての独島

康　現在の日朝関係を独島問題も絡めて考えますと、ご記憶かどうかわかりませんけれども、南北間では1992年に「**南北基本合意書**＊」を取り結びました。5回にわたる首脳会談を行いました。1991年12月に南北基本合意書で合意して、翌年2月から実効されたのです。

その前文で、いまの南北関係をこう言っているわけです。「相互の関係は国と国との関係ではない。統一を志向する過程で暫定的に形成される特殊関係であることを認め、平和統一を成就するための共同の努力を敬重することを約束する」前文というのは基本精神です。その後に書かれた文章は前文の基本精神にしたがって理解すべきだと思います。

全体として25項目あるのですが、前文では、国と国との関係ではなく、統一に向かって進む過程でうまれた特殊な関係であると明確に言っている。統一を前提に考えているわけです。

独島は今の行政上で言えば韓国に入りますけれども、「統一朝鮮の領土」になるわけですから、朝鮮側もこの問題に無関心ではいられません。

第二次大戦の戦後処理のために、アメリカ合州国などの連合国諸国と日本との間で1951年9月8日に締結された条約。1952年4月28日に効力発生。領土の放棄、信託統治への移管、戦前の国際協定に基づく権利等の放棄、賠償、安全保障などについて定めた。領土については、朝鮮の独立を承認、台湾島への権利の放棄、千島列島・樺太への権利放棄、国際連盟からの委任統治領であった南洋諸島への権利放棄などが定められたが、細部にわたる詰めがなされなかったため、その後の領土紛争につながったとも評される。

＊**李承晩**
1875～1965年。

❖「固有の領土」論は成り立たない

康　独島／竹島問題はどうしてこんなにこじれたか。領土問題は2つの方法で解決できると思うのです。

1つは歴史的な経緯、もう1つは国際法的解決です。領土というのは、歴史的に長く住んでいたから私のものだとは言えないわけです。よく日本政府は「固有の領土」だと言います。ところが「固有の領土」とはどういう意味なのか明確な定義がない。昔から住んでいたと言います。そうすると、今のヨーロッパもアフリカも国境を全部変えなくてはなりません。朝鮮も中国も同じです。昔は古朝鮮というのがあって、その法的継承国家があり、今の朝鮮はそれを継承している国家です。「固有の領土」という言い方をして、それをどこまで進めるかということです。解決しようがない。そんなことを言っていると、議論になり得ません。

それではどこで決めるか。最初に憲法で規定されたところに戻るのか。

明治維新の時に、日本の範囲を規定しています。その時は、本州、九州、四国等です。最初は、**北海道***は入っていないでしょう。琉球／沖縄も入っていません。これが日本の「固有の領土」だと言っているわけです。最初に国境を定めているわけです。当初の領土を固有の領土と言うのであれば、固有の領土は本州、九州、

韓国初代大統領。朝鮮の独立運動家で、1919年に上海で結成された「大韓民国臨時政府」初代大総理、臨時政府大統領を経て、1948年、韓国大統領になった。独裁的政治を行い、朝鮮戦争を戦ったが、1960年、大統領選挙における不正に対する四月革命によって失脚し、アメリカに亡命した。

＊李承晩ライン　李承晩がマッカーサーラインの撤廃を見越し、1952年、海洋主権宣言を行った。宣言は韓国領土近海の鉱物と水産資源について韓国の主権を唱えた。韓国では「平和線」と呼ばれた。この海域内では

四国等でしょう。ですから、固有の領土というような言葉は、使わないほうが良いのです。

❖朝鮮史から見た領土

康　朝鮮側から見た場合はどうか。日本は、明治政府ができるまでは統一国家ではないですから、いわゆる国民国家ではありません。しかし、朝鮮は長い間統一国家でした。**李朝***だけでも500年です。**古朝鮮***は2100年続いています。それを継承した**高句麗***も1000年近く続いています。それをずっと継承しているわけですから、高麗以降、統一国家が相当長い年月続いてきたわけです。統一国家の歴史が違います。朝鮮の場合は統一国家が長く存在したので、「固有の領土」を使えないわけではないのです。日本は明治になって初めて統一国家になりました。歴史が違うのです。ですから、日本の歴史の尺度で朝鮮を見ては駄目です。

前田　日本が統一国家になったのが明治維新だという認識には、異論もありうるかもしれません。一般的にはたしかに明治維新で統一国家になったわけですが、政治・経済・社会の実体は江戸時代に確立していたという見解もあるようです。

外国船の漁業が禁止され、これに違反した日本籍船の臨検や拿捕が行われた。

＊日露戦争
1904〜1905年。大日本帝国とロシア帝国の間の戦争であるが、実際に戦場とされたのは朝鮮半島、満州南部（当時はロシア主権下）及び日本海であった。大陸を南下して満州に勢力を及ぼしたロシアと、朝鮮半島を足掛かりに大陸進出をはかった日本の間の対立に発し、1902年の日英同盟に基づくイギリスによる日本への軍事支援の下、日本が優勢に戦況を進め、アメリカの仲介によって講和に至った。海野福寿『韓国併合』（岩波新書）。

❖国際法と国際関係論

康　先ほど、木村さんは「歴史問題なのか、領土問題なのか」と仰ったのですが、両方で見なくてはいけないのです。両方で見るのですが、今の国際政治の中ではどちらが優先的かというと、国際法に基づいた領土論、これが優先されるべきです。

歴史問題だけで固有の領土だという言い方ですと、ずっと論争が続きます。なぜかというと、ずっと昔は正確な土地調査はありません。地図もそうです。平壌で『古地図から見た独島問題』という本が出ました。独島に関する朝鮮の古地図が全部そこに入っています。巻末には世界古地図がありますが、独島がどう扱われてきたのか、全て解説されています。果てしなく前に戻らなくてはなりません。日本の古地図は問題になりません。歴史が違いますから。日本の古地図にしても、島根の方だと思いますが、日本人が持っている古地図を見ても独島は間違いなく朝鮮のものだとはっきり言っているわけです。1800年代の古地図からもってきたのです。自分が持っている古地図を見ている限りでは、独島は間違いなく朝鮮のものだとはっきり言っているわけです。ところが、日本側の反応を見ていますと、ほとんどがこじつけです。科学的立証に耐えうるような論拠があり

＊韓国併合
1910年8月29日の韓国併合条約により韓国を日本に併合し、朝鮮半島に対する植民地支配がはじまった。日露戦争後、日本は朝鮮半島の権益を確立し、1907年には大韓帝国の外交権を剥奪するなど徐々に統治下に置き、1910年に最終的に併合した。その報を知った石川啄木が「地図の上朝鮮国に黒々と墨をぬりつつ秋風を聞く」「明治四十三年の秋わが心ことに真面目になりて悲しも」と詠んだことは有名である。

＊川島正次郎
1890～1970年。日本の政治家。北海道開発庁長官、行政管理庁長官、自治庁長官、自民党

ません。

たとえば、「サンフランシスコ条約で放棄する領土に入っていない」。これだけです。「放棄する領土に書かれていないから日本のものだ」というのは、論理的とは言えません。何の根拠にもなりません。しかも、サンフランシスコ条約は、8回くらいまで草案が出まして、最後にイギリスとアメリカの草案を調整してサンフランシスコ条約として確定しました。アメリカ側の草案で6回までは独島は朝鮮側だったのです。7回目の草案で急に独島は日本のものにされたのです。7回目の草案をつくる時に何があったかと言うと、シーボルト駐日大使が「歴史的に見て独島が朝鮮のものであったという資料はない」と言います。これはまったくの嘘です。日本側の工作でシーボルトがそう聞かされて、それを国務省に持っていった。ちょうど冷戦が東アジアまで及んできた時だったのですが、中国革命が成功して朝鮮半島の北側に反米国家が生まれました。アメリカは、下手をすると朝鮮半島全てが共産主義になる可能性があるので、これをなんとか押し止めなくてはならない。そのために独島を確保しておこうと考えたのでしょう。アメリカの政治判断が変化して、それと日本の独島領有欲とが結びついて、サンフランシスコ条約の第8回目草案で、がらっと変わったのです。つまり、独島問題はアメリカが背後にいるということです。アメリカのアジア政策をぬきにして、独島

幹事長、自民党副総裁を歴任。「寝業師」、「おとぼけの正次郎」と愛称される一方、「政界一寸先は闇」「やはり野に置け蓮華草」などの語録で知られる。

＊朝鮮通信使
室町時代から江戸時代に李氏朝鮮から日本に派遣された外交使節の総称。室町時代に3回、豊臣時代に2回、江戸時代に12回の来訪があり、外交交渉の他、朝鮮や大陸の文化や技術を日本に伝えた。上田正昭・辛基秀『朝鮮通信使とその時代』（明石書店）、仲尾宏『朝鮮通信使』（岩波新書）参照。

＊雨森芳洲
1668～1755年。江戸中期の儒学者。中国

は語れません。
今まで独島問題でぎくしゃくしたまま論争がなぜ続いてきたのか。これは全て**朴正熙**《パクチョンヒ》*大統領も李承晩大統領もそうだし、**盧武鉉**《ノムヒョン》*大統領もそうですが、日本政府と密約をしているのです。領土主張はしないから、静かにしようという密約です。ウィキリークスが機密情報を暴露しましたね。そこにも載っていますよ。盧武鉉政権でさえもそうしたということです。下手なことをすると領土問題が大変なことになるから、今語るのをやめましょうと、口をつむいでしまったのです。アメリカの圧力があるからです。今騒ぐなと、口をつむいでいるわけです。それが今日に至っています。アメリカによって問題があやふやにされて、アメリカのために問題が解決されないままにきた。日本も韓国も同じです。そういう政治立場を日本政府も韓国政府もとってきたということです。それが今、こんな複雑な問題になってきたということです。ですから、この問題はきわめて政治的な問題なわけです。

前田　アメリカの問題については木村さんも同じような認識をお持ちだと思います。その辺はあとで触れられると思います。次に、朴炳渉さんからお話をお伺いします。

語、朝鮮語が堪能で、対馬藩朝鮮方佐役として李氏朝鮮との友好通商に携わった。朝鮮人のために日本語辞典『倭語類解』編集に協力し、朝鮮語入門書『交隣須知』を作成した。上田正昭『雨森芳洲』（ミネルヴァ書房）参照。

＊赤尾敏
1899～1990年。日本の保守政治家、右翼活動家。大日本愛国党初代総裁であり、1942年には大政翼賛会の推薦を受けない独立候補として衆議院議員に当選したが、戦時刑事特別法改正案に抗議して辞職した。著書に『憂国のドン・キホーテ』（山手書房）、評伝に猪野健治『評伝・赤尾敏——叛骨の過激人

❖江戸時代の竹島＝独島

朴　竹島＝独島問題は、日本と韓国の間で非常に大きな問題となっていますが、お互いに相手国のことを充分にわかっていないのが実状です。日本では韓国の研究——特に最近の韓国でどんな研究がなされているのかを知る人が少ないのが実状です。一方、韓国では日本の研究が割合よく知られていますが、その反面、日本の古文献を読める人が少ないという弱点があります。そのため、お互いに多くの誤解が生じています。

　この問題は日韓両国にまたがる問題であるだけに、両国の史料を突きあわせて客観的な分析をおこなうと同時に、お互いの研究を学問的に批判し合うことが重要なのですが、これが充分なされていないのが今日の大きな問題です。今日はこうした問題点を念頭におきながら最新の研究成果を紹介します。

　まず、江戸時代の歴史から話を始めます。江戸時代、現在の竹島＝独島は日本では松島と呼ばれ、欝陵島《うつりょうとう》が竹島、磯竹島と呼ばれていました。この2つの島は、朝鮮政府が海禁・捜討政策をとって渡航を禁じたので無人島になっていました。そこへ、1625年頃から鳥取藩米子の大谷・村川両家が幕府の許可を得て竹島、すなわち欝陵島で漁猟を始めました。ところが、1650年代になると竹島では

間』（オール出版）。

＊南北基本合意書
1991年、韓国（大韓民国）と朝鮮（朝鮮民主主義人民共和国）の間で締結された南北対話に関する基本文書。正式名称は「南北間の和解と不可侵および交流、協力に関する合意書」。自主、平和、民族大団結の祖国平和統一3大原則を再確認するとともに、南北の和解、南北不可侵、南北交流・協力について全25条の合意がなされた。その後、2000年6月15日には金大中大統領と金正日国防委員長の間で「6・15南北共同宣言」が結ばれた。

＊北海道
本州、九州、四国と並ぶ日本の主要な島の一つ

アシカがほとんどとれなくなってしまいました。仕方なく松島、すなわち現在の竹島＝独島でもアシカ猟を始めました。その松島への渡航ですが、松島周辺は暗礁が多いので大きい船は着岸がむずかしいことと、滞在中に天候が悪化すれば船を岸に引き上げる必要があって大きい船は無理なので、松島へは80石（12トン積み）程度の小船でしか行けませんでした。

そのうえ、松島には飲み水や薪がほとんどないので日常生活や、アシカから油を取る作業にも支障がありました。このような事情で松島での漁業は竹島を基地にして細々となされました。その結果、松島は「竹島の内松島」、「竹島近所の小島」などと竹島付属の島として認識されました。こうしたささやかな松島での漁業に対し、かつて日本政府は江戸幕府が「松島渡海免許」を発行して松島を実効支配したと主張しましたが、今では渡海免許はなかったというのが定説で、最近の日本政府も松島渡海免許については沈黙しています。

❖元禄竹島一件（安龍福事件）

朴　1692年、元禄時代になって事件が起きました。大谷・村川家が竹島（欝陵島）へ行ったところ、そこにすでに朝鮮人が来ていて漁をしていました。翌年も

であるが、1869年に蝦夷を北海道に改め、開拓使を設けるまでは日本とはみなされていなかった。それ以前はアイヌ民族のアイヌモシリであり、その片隅に松前藩が松前・箱館地域の和人地を占有していたにとどまる。本書編者である前田の先祖は1869年の開拓使設置に続く屯田兵の一員として北海道に渡った。

＊李朝
1392〜1910年までの朝鮮半島の王朝が李氏であったため李氏朝鮮、李朝と呼ばれる。1392年、李成桂が高麗の恭譲王を廃して自ら高麗王に即位したことに始まり、1920年の韓国併合条約により終焉を

同様でした。大谷・村川家は漁にならないので、生き証人として朝鮮人、安龍福《アン・ヨンボク》ともう一人を日本に拉致しました。この事件をきっかけにして日朝間で竹島（欝陵島）の領有権論争が始まりました。これは元禄竹島一件と呼ばれます。幕府は関係各藩に問い合わせて初めて松島（独島）の存在を知りました。さらに、鳥取藩からの回答で竹島・松島は鳥取藩領に属さないこと、松島は竹島への船路の途中にあって、日本のどの国にも属さないことなどを知りました。そのうえで幕府は竹島渡海禁止令を鳥取藩へ下しました。この禁止令には松島の名前がありませんが、松島は日本のどこにも属さないので、そのような場所への渡航は当然禁止の対象です。

一方、この事件の朝鮮への影響ですが、事件前に朝鮮は竹島＝独島を于山島《うざんとう》の名で漠然と認知していました。たとえば、代表的な『世宗実録地理志』では欝陵島と于山島はお互いに遠くなく、晴れた日には遠くに望み見ることができると書かれました。そのような于山島は竹島＝独島以外には考えられません。しかし、その記述で于山島はどちらの方角にあって、どのくらいの距離にあるのか、詳しいことは何もわからない漠然とした記述でした。

ところが、安龍福が1696年に今度はみずから日本へきて事情は大きく変わりました。彼は竹島・松島を経由して隠岐へ行き、そこで代官手代に「竹島は欝

迎えた。

＊古朝鮮
漢の武帝による漢四郡（紀元前106年）より以前の古代朝鮮の総称で、後の李氏朝鮮と区別するためこの呼称が用いられる。檀君朝鮮、箕子朝鮮、衛氏朝鮮の三朝鮮に区分される。

＊高句麗
紀元前37年～668年、朝鮮半島から中国東北部南部にかけて支配した国家であり、中国の隋や唐からの侵攻を撃退したが、後に唐・新羅連合軍により滅ぼされた。

＊朴正熙
1917～1979年。韓国の軍人、政治家。第5～9代大統領。植民

陵島、松島は子山島で朝鮮領である」と主張しました。子山島は于山島を指します。さらに彼は「竹島訴訟」のために鳥取藩へ行きました。このような彼の活躍の結果、朝鮮の官撰書に「于山はすなわち倭がいうところの松島なり」と記述されるようになりました。ただし、その書でも于山島が欝陵島の東西南北どちらにあるのかなど、詳しい地理的な情報は何も記されませんでした。そのため、地図などでも于山島の位置は曖昧で、時には欝陵島の直近にある竹嶼と混同されることもありました。

❖天保竹島一件

朴　江戸時代も天保期のころになると海運が盛んになり、中には竹島（欝陵島）へ密航する者が現れだしました。その一人が浜田藩の今津屋八右衛門ですが、数年にわたって竹島の産物を密輸していました。ところが、密航が発覚し、大坂町奉行によって逮捕されました。取調べで八右衛門は竹島ではなく松島へ渡海したと言い逃れを試みました。この弁明に着目したのがかつての外務省です。韓国政府に対し、当時は松島（現在の竹島＝独島）への渡海なら何ら問題ないと認識されていたと主張し、松島が日本の「固有の領土」であることの根拠にしました。

地時代に日本陸軍士官学校を卒業し、満州国軍に配属されたため高木正雄と名乗った。独立後、韓国軍人となったが、1961年、5・16軍事クーデターを起こし、国家再建最高会議議長となり、1963年に大統領に就任した。軍事政権による独裁と弾圧の政治が批判される一方、近代化政策による経済成長を評価する見解もある。

＊**盧武鉉**
1946〜2009年。韓国の政治家。第16代大統領。1980年第二人権派弁護士として知られ、1987年の民主化闘争・6月抗争を主導した。1988年に国会議員となり、政界入りし、2003年の大統領選挙

江戸幕府『朝鮮竹島渡航始末記』付属絵図（浜田市立図書館所蔵）。
竹島・松島は朝鮮本土と同じく赤く着色されている。

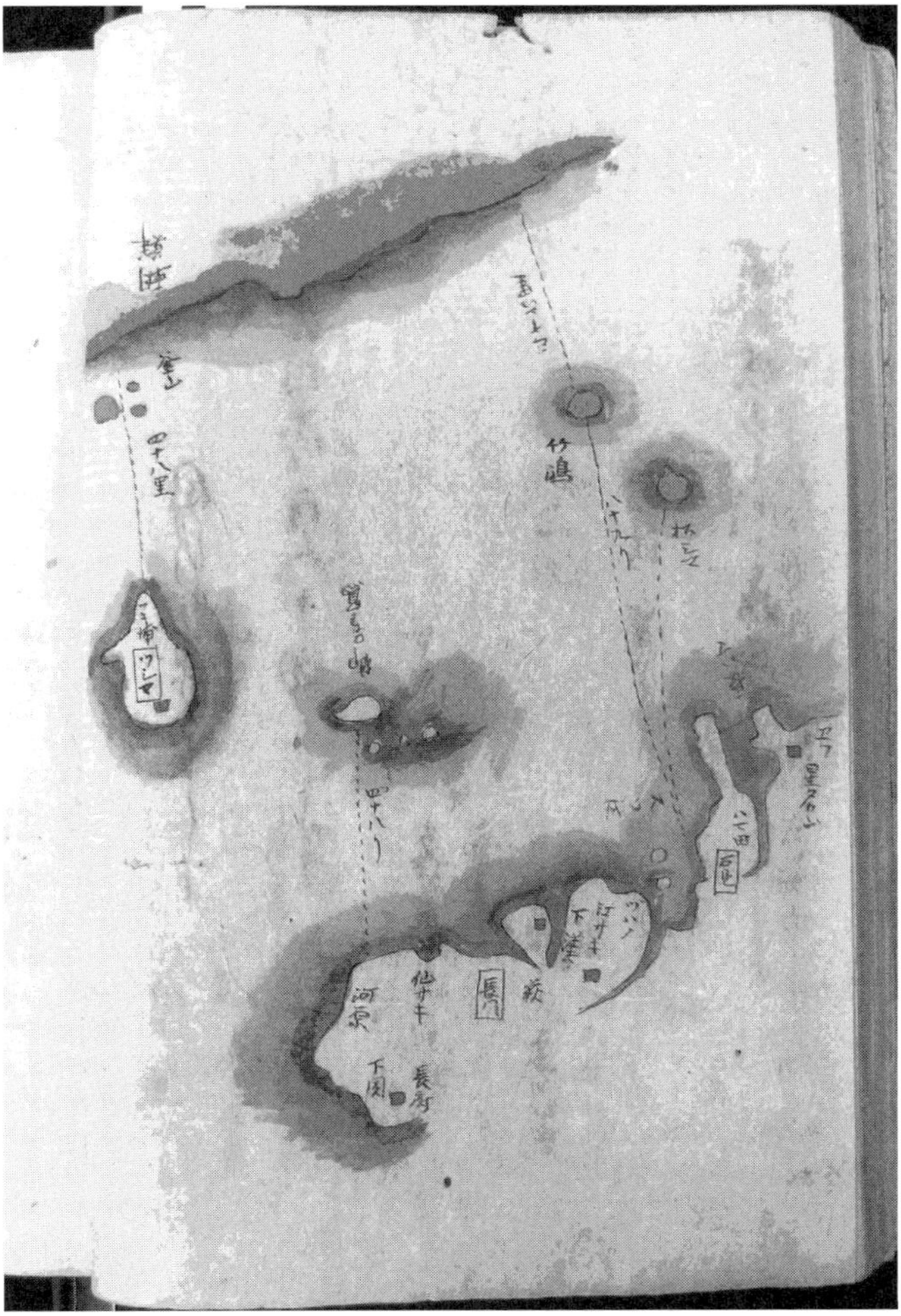

しかし、八右衛門はそうした言い逃れにもかかわらず処刑されたので、松島への渡海であっても問題だったわけです。

この時、幕府は八右衛門の供述調書、『竹島渡海一件記』を作成し、絵図「竹島方角図」を添付しました。その絵図で竹島・松島は朝鮮本土と同じく赤く塗られています。下のほうに隠岐、石見、出雲がありますが、これは黄色に塗られています。これは幕府が竹島・松島は朝鮮領であると判断したことを示す絵図です。

なお、この事件には浜田藩が絡んでいたので、さらに幕府の寺社奉行や評定所で徹底的な吟味が行われ、関係者は厳罰に処されました。評定所とは老中をトップにした幕府の最高司法機関です。この時に事件の総合記録、『朝鮮竹島渡航始末記』が作成されました。この資料にも「竹島方角図」と同様な絵図（前ページ）が付属しており、やはり朝鮮本土・竹島・松島は赤い色で塗られており、幕府は再度、両島を朝鮮領と判断したことがわかります。

幕府はこの事件の幕引きとして、竹島渡海禁止令を全国的に布告しました。これに松島の名はありませんが、朝鮮領と判断した松島への渡海も許されるはずがありません。このような竹島＝独島が日本の固有領土であるなどという外務省の主張は、荒唐無稽と言わざるをえません。なお、現在の外務省は、この事件には沈黙するようになりました。前ページの地図などが見つかったためでしょうか。

で当選した。「左派新自由主義路線」と呼ばれるように、進歩的理念的政治改革を進めた。退任後、不正献金疑惑を追及される中、投身自殺した。

前田　「固有の領土」論自体がそもそも国際法ではない上、その「固有の領土」論を採用したとしても歴史的事実に反するということですね。

❖明治政府と竹島

朴　明治初年になり、外務省は朝鮮の事情を内探するために釜山にあった対馬藩の**倭館***などを調査し、1870年に報告書『朝鮮国交際始末内探書』を太政官へ提出しました。太政官とは官職ではなく、国家の最高行政機関であり、現在の内閣に相当します。外務省の報告書には「竹島松島、朝鮮付属に相成候始末」という項目があり、松島（竹島＝独島）について「松島は竹島の隣島にて松島の議に付、是まで掲載せし書留も無之」と記述されました。要するに松島に関する記録はないが、松島は竹島の隣の島であり、松島も朝鮮領であるとの判断でした。この報告書に対する見解ですが、島根県は当時の外務省は松島（現在の竹島＝独島）も朝鮮領であると判断したとみております。一方、現在の外務省は、これは不都合な資料なのか、黙殺しています。

次に、明治政府は官撰地誌の編纂を始めたのですが、その過程で竹島・松島の調査もおこない、その結果を内務省地誌課が『磯竹島覚書』としてまとめました。

＊倭館
李氏朝鮮時代に朝鮮半島南部に置かれた日本人居留地。1407年頃から李氏朝鮮は国防上の理由から外国船入港地を限定し、その地域に日本人が居住するようになった。三浦倭館、釜山の富山浦倭館、塩浦倭館などが知られるが、江戸時代には釜山に限定され、豆毛浦倭館、草梁倭館が置かれた。

主に元禄竹島一件の記録を調べたのですが、その書で松島は竹島への船路にあたる小島であり、竹島・松島は鳥取藩の付属でもないし、日本のいずれの国にも属さないことを明らかにしました。その直後、地誌課は大政官修史局へ移り、官撰地誌『日本地誌提要』の編纂を継続しました。その地誌の「隠岐」条ですが、隠岐国には付属の小島が179あると記し、それとは別に竹島・松島を記述しました。ということは、竹島・松島は隠岐国には属さない、もちろん日本の他の国にも属さないことになります。明治時代の地理学者もそのような理解をしました。

こうした資料を背景に、内務省は竹島・松島の所属を公式に判断する機会がありました。1876年に島根県から内務省へ竹島外一島の地籍をどう扱うべきかという伺書『日本海内 竹島外一島 地籍編纂方伺』が出されました。これに付属資料があり、「外一島」に関して「次に一島あり　松島と呼ぶ　周囲30町ばかり竹島と同一船路に在り　隠岐を距る八拾里ばかり　樹竹稀なり　亦魚獣を産す」と記述されました。さらに、付属の地図『磯竹島略図』に松島・竹島が描かれており、これらから外一島が松島、現在の竹島＝独島であることが明らかです。この伺書を島根県から受けた内務省は、さらに元禄竹島一件の調査をおこなったうえで竹島・松島を領土外と判断しました。ただし、版図の取捨は国家の重大事だということで、慎重を期して翌年に島根県と同じ題名の伺書を太政官へ提出しました。太政官は内務省への指令案をわずか3日で作成して参議たちへ稟議にまわしました。指令案は「竹島外一島の儀　本邦関係これ無」という文言です。このように太政官がすぐに指令案をつくれたのは、太政官の中に竹島の地誌を熟知した修史局があったからでした。その指令案は承認され、太政官は「竹島外一島」すなわち欝陵島と竹島＝独島は日本とは無関係であるとの指令を内務省へ下しました。

この「竹島外一島」の解釈について島根県は、「外一島」は現在の竹島と見られると解釈しました。しかし、外務省はこれも完全に黙殺しています。研究者では多くの人が「外一島」は竹島＝独島であると認めましたが、**下條正男**＊氏（拓殖大学教授）は「外一島」が現在の竹島＝独島であると一時は認めたものの、その後3、4回くらい自分の説を変えて定まりません。また、島根県の竹島問題研究会の**杉原隆**＊氏は内務省の伺書をほとんど分析しないまま「外一島」は欝陵島であると主張しました。**塚本孝**＊氏（東海大学教授）は、以前は「外一島」は現在の竹島＝独島であると認めたのですが、最近では欝陵島の可能性があると少し説を変えています。これに対して、**池内敏**＊氏（名古屋大学教授）は、杉原説・塚本説は誤りであるばかりか、意図的に竹島＝独島問題に混乱を持ち込んでいると厳しく批判しました。このような厳しい批判が生まれざるを得ないとこ

＊下條正男
拓殖大学教授、島根県「竹島問題研究会」座長。著書に『竹島は日韓どちらのものか』（文春新書）、『発信竹島』（山陰中央新報社）。

＊杉原隆
島根県庁「竹島問題研究会」会員、同顧問を歴任。竹島問題に関する多くの調査・研究で知られる。

＊塚本孝
東海大学教授。国立国会図書館勤務（資料提供部長、専門調査員等）を経て、2012年より現職。国立国会図書館発行の『レファレンス』における竹島問題に関する多くの論文で知られる。

ろに領土ナショナリズムの特徴があります。一方、マスコミですが、『朝日新聞』２０１２年11月1日の記事は、竹島＝独島は本邦とは関係ないと太政官が判断したと解釈しました。朝日以外に他のマスコミはほとんどこれにはふれていません。

前田　以前は、太政官指令について触れた本はほとんどなかったのですが、最近は太政官指令について言及するようになりました。たとえば、**東郷和彦***氏『日本の領土問題』、**和田春樹***氏『領土問題をどう解決するか』など、最近の本では竹島＝独島は日本とは関係なかったと、とらえています。

朴　そのとおりです。最近になってやっと太政官指令が徐々に知られるようになりました。しかし、この資料は外務省が黙殺しているので、一般に広く知られるようになるにはまだまだ時間がかかりそうです。

太政官指令のその後ですが、指令の内容は具体的に内務省地理局の官撰地図などに反映されました。地理局は日本国の地図を多く作成しましたが、いずれの地図でも竹島＝独島を日本領として扱いませんでした。内務省は日本各地の所属や日本の領土を判断する部署なので、内務省の判断が日本政府の公式見解になります。もちろん、その他の政府機関も同様な認識であり、外務省は先に述べたとおりです。

***池内敏**
名古屋大学教授。著書に『近世日本と朝鮮漂流民』（臨川書店）、『大君外交と「武威」　近世日本の国際秩序と朝鮮観』（名古屋大学出版会）、『竹島問題とは何か』（名古屋大学出版会）。

***東郷和彦**
京都産業大学教授。外務省条約局長、同欧亜局長、在オランダ全権大使を経て退職。著書に『北方領土交渉秘録』（新潮社）、『歴史認識を問い直す―靖国、慰安婦、領土問題』（角川書店）、『日本の領土問題』（共著、角川書店）。

***和田春樹**
東京大学名誉教授。歴史学者、市民運動家。著書

他に海軍水路寮、後に水路部と名前を変えますが、そこが作成した日本の水路誌や海図では竹島＝独島を記載せず、朝鮮の水路誌や海図に記載しました。竹島＝独島を日本領と見ず、朝鮮領と判断したわけです。こうして見ますと、1905年以前に竹島＝独島を日本領とみた公的な資料は、明治政府、江戸幕府を含めて皆無であるといえます。

❖韓国側の認識の変遷

朴　一方、韓国の認識ですが、先程、于山島に対する認識が曖昧で、時には于山島を竹嶼と誤解したこともあったと述べましたが、こうした曖昧さを解消するため1882年に于山島の探索が欝陵島検察使の李奎遠によってなされました。しかし、これは失敗に終わり、官民ともに于山島がどこにあるのかわからなくなってしまいました。于山島は竹嶼ではないということだけははっきりしましたが、ついに于山島は伝説の島になってしまいました。そのため、1900年に欝陵島を欝島郡に昇格した勅令41号が出された時、その中に于山島の名前はありませんでした。かわりに竹島＝独島は石島の名で欝島郡の管轄区域として明示されました。この石島の名が登場した経緯を振り返りたいと思います。

に『北方領土問題を考える』（岩波書店）、『北方領土問題』（朝日新聞社）、『朝鮮戦争全史』（岩波書店）、『領土問題をどう解決するか』（平凡社新書）。

1850年頃から朝鮮では海禁政策をくぐりぬけて欝陵島へ渡航する人が増えだしました。彼らは、渡航する際に帆船を使いましたが、これはちょっとの風雨で帆が破れて漂流するような粗末なものでした。どのくらい漂流が多いかというと、たとえば、釜山の日本領事館の報告によると欝陵島から日本へ行く船は2回に1回は漂流するとされたほどでした。

これは朝鮮本土から欝陵島へ行く船も同様です。欝陵島では1883年から開拓が始まったのですが、当時の開拓民の証言によると、欝陵島付近での漂流船はしばしば独島に漂流したとされます。これは海流の影響によるものです。南方から朝鮮半島にそって流れてきた暖流は、緯度でいうと欝陵島のわずか北あたりで北からの寒流とぶつかって東へと向きを変えて、一部は欝陵島と独島の間を逆に南へ蛇行します。したがって、朝鮮半島から欝陵島へ向かう船が漂流すればちょうど竹島＝独島の近くを通ることになり、竹島＝独島が自然に認識されます。

欝陵島への渡航ですが、1880年前後からは朝鮮南部の全羅道巨文島あたりから欝陵島へ毎年春に10隻くらい出漁し、ワカメなどを採集して帰りました。彼らは欝陵島で漁をするだけではなく、やがて竹島＝独島でアシカ猟をするようになりました。その岩だらけの島を漁民たちはトクソムと呼んでいました。これは全羅道の方言で、石島を意味します。このように実際に漁業に利用された石島が、**大韓帝国勅令41号***で欝島郡の管轄とされました。その後、欝陵島では全羅道以外の開拓民が急速に増えていきました。そのため、石島をトクソムと読むのは難しくなり、漢字表記が今の独島に変わりました。独島の表記は、欝島郡守が政府へあてた公文書などでも確認されています。郡守は独島を自己の管轄下と認識していました。表記は独島でも呼び名は1950年ころまで主にトクソムと呼ばれていました。

一方、勅令41号以前に韓国人が石島で実際にアシカ猟を行っていた資料も最近見つかりました。1965年の新聞『民国日報』の記事ですが、巨文島に住む金允三は1895年から1904年まで石島でアシカ猟を行ったと証言しました。この新聞記事は池内敏『竹島問題とは何か』に翻訳されています。一方、開拓民の洪在現らも、1903年から1905年まで日本人と共同でアシカ猟をやったと証言しました。このように、竹島＝独島は実際に漁業面で韓国人に利用されてきました。

❖日本領編入の問題

朴　そのように韓国人が利用していた竹島＝独島を、日本が1905年2月に島

＊大韓帝国勅令41号
1900年10月25日、大韓帝国が出した勅令。「鬱陵島を鬱島と改称し島監を郡守に改正する件」として、「第一条　鬱陵島を鬱島と改称し江原道に所属させ島監を郡守に改正し官制に編入し郡等級は五等にする事」「第二条　郡庁は台霞洞に置き区域は鬱陵全島と竹島石島を管轄する事」と記す。「石島」が現在の竹島であると解釈される。日本側は長い間この勅令の存在を秘密にしてきたが、存在を認めざるを得なくなった。日本側の一部には石島は竹島ではないという解釈もある。韓国では10月を「独島の月」としている。

根県へ編入しました。きっかけになったのは、島根県の中井養三郎がアシカ猟を独占するために朝鮮へ同島の貸下願を出そうとしたことです。当時、竹島＝独島は日本ではリヤンコ島と外国名の略称で呼ばれ、民間でも朝鮮領と認識されていました。しかし、中井は関係官庁と接触するうち、水路部からリヤンコ島は「無主地」なので日本政府へ願書を提出するように指導されました。そこで中井は「リヤンコ島領土編入並に貸下願」を窓口の内務省へ出しました。しかし、内務省は、リヤンコ島を朝鮮領であると認識していたので、当初はこの申請を却下しようとしました。ところが、これを知った外務省は、日露戦争という時局を考慮し、「その時局なればこそ領土編入を急要とするなり、望楼を建築し、無線若しくは海底電信を設置せば、敵艦監視上極めて屈竟ならずや」と考え、竹島＝独島の軍事的な価値を重視して中井の申請を全面的に支援しました。こうした外務省の時局判断が内務省を圧倒した結果、日本政府はリヤンコ島を無主地であると強弁し、新たに竹島と命名し、政府レベルでは秘密裡に島根県へ編入しました。

ここで、外務省をそこまで駆り立てた日露戦争の時局について簡単にふれたいと思います。これはあまり知られていないのですが、日露戦争初期の１９０４年にはロシアのウラジオ艦隊が日本沿岸で猛威をふるっていました。中でも同艦隊の第四次出撃時には被害が甚大で、輸送船が次々に沈められ、大損害をこうむりました。また、第六次出撃では、東京湾入り口付近まで出撃し、日本に大変な脅威を与えました。これに対する日本海軍は、第四次の時にウラジオ艦隊をいったんは追跡したのですが、結局は見失ってしまいました。そのため、海軍は猛烈な非難をあびたのですが、海軍では何よりも敵艦の監視体制の強化が急務でした。特に、ウラジオ艦隊が逃走した竹島＝独島付近の海域は、敵艦監視の空白地帯になっていました。さらに翌年はバルチック艦隊との日本海海戦、これは世界的には対馬沖海戦と呼ばれていますが、その2日目の激戦地が竹島＝独島付近でした。このように竹島＝独島は軍事的な要衝地であったので、重大な対馬沖海戦を控えて竹島＝独島を日本の領土にすることは日本にとって格別な戦略的意義がありました。こうした日露戦争という時局が竹島＝独島の領土編入を決定的にしたといえます。

以上、ざっと歴史的な経緯を述べましたが、結局のところ幕府も明治政府も竹島＝独島を朝鮮領と判断したことは何度かありましたが、日本領と判断したことは一度もありませんでした。一方、韓国民は1895年ころから欝陵島を基地にして石島《トクソム》、すなわち竹島＝独島にてアシカ猟をしていたのですが、これらが勅令41号に反映されて石島は欝島郡の管轄下とされました。このように竹島＝独島は決して無主地ではなかったのですが、対馬沖海戦を控えて日本政府は竹島

＝独島の軍事的価値を重視し、朝鮮領と判断していた竹島＝独島を無主地であると強弁して秘密裡に島根県へ編入しました。

前田　サンフランシスコ条約の解釈はいかがでしょうか。

朴　よく知られているように、サンフランシスコ条約は竹島＝独島に関して何も定めませんでした。単に第二条にて、日本は済州島・巨文島・欝陵島を含む朝鮮を放棄するという規定があるのみです。韓国は、独島は歴史的に欝島郡に所属するので、日本が条約で放棄した第二条の朝鮮に独島は含まれると主張しています。

この条約の5～6年前、GHQは日本政府への指令SCAPIN677によって竹島＝独島を暫定的に日本領外としました。この時、竹島＝独島は在朝鮮アメリカ軍政庁の管轄下におかれ、後に韓国政府へ引き継がれました。そうした措置の帰結である韓国の竹島＝独島支配は、条約に何も規定がないので条約からは何も影響を受けないことになります。

一方、日本では条約について時に妙な解釈がなされます。すなわち、条約で日本が放棄する領土に竹島の名前がないから日本領になったという解釈です。しかし、条約法条約によれば条約は文言主義なので、何も書かれていないサンフランシスコ条約の条文から竹島＝独島は日本領になったという解釈はとうてい無理です。

前田　たしかに日本政府もそのような解釈をとっていません。

朴　今の日本政府は主張を変え、ラスク書簡を考慮すると日本領になったと考えられるとしています。ラスク書簡とは、アメリカの国務次官補ラスクが駐米韓国大使の梁裕燦に出したもので、「我々の情報によれば、独島は朝鮮の一部として取り扱われたことが決してなく、1905年頃から日本の島根県隠岐島支庁の管轄下にある。この島は、かつて朝鮮によって領有権の主張がなされたとは見られない」と書かれました。この「我々の情報」なるものは、今まで述べてきたことからすると明らかに間違いです。さらに、ラスク書簡はサンフランシスコ条約上の効力はありません。効力が発生するためには条約署名国の同意が必要ですが、この書簡は条約署名国どころか、韓国や日本にある身内のアメリカ大使館にさえ秘密にされました。

在日アメリカ大使館は「リアンクール岩（独島）は、日本が領土編入する前は朝鮮王朝の一部であった」と国務省への書簡の中で明言したくらいで、ラスク書簡とは明らかに考えが異なります。また、在韓米軍はリアンクール岩を爆撃演習地として使用するために韓国政府へ許可願を出したくらいでした。現場で竹島＝独島をよく知る日本や韓国のアメリカ大使館は竹島＝独島を韓国領と考えていたか、あるいは韓国の領有権主張にはそれ相当の根拠があると考えていました。

それればかりか、国務省でも地理の専門官であるボグスを始めとする担当者たちは「リアンクールは韓国領」と考えて条約草案を作成していました。それがある時にアメリカの「戦略的配慮」などから竹島＝独島が日本領にされましたが、最終的にそれもなくなり、アメリカの公式草案に竹島＝独島は何も記されませんでした。なお、国務省は竹島＝独島に関して必ずしも充分な知識があったわけではなく、ラスク書簡を出すつい3日前まで「独島」という名前すら知らないほどでした。

しかし、在米韓国大使館も同じように無知でした。独島がどこにあるのかもよく知りませんでした。もっとも、当時は朝鮮戦争の最中だったので仕方なかった面もありますが。そのように無知な韓国大使館の口を封じ、条約調印を急ぐためにラスク書簡が出されたと思われます。

後日、この書簡について釈明したダレス電文が日本や韓国のアメリカ大使館に送られました。ダレス電文は、アメリカはサンフランシスコ条約の一署名国にすぎないし、ラスク書簡が国際的に通用するとは限らないと述べ、日本と韓国の領土紛争にアメリカが巻き込まれてはならないので、書簡は他へは秘密のままにすると述べました。

一方、アメリカ以外にイギリス政府も条約草案を作成していました。その公式草案の付属地図などでイギリスは竹島＝独島を日本領から除外としました。しかし、アメリカ草案との摺り合わせの結果、条約には地図を添付しないことになったので、米英共同草案から竹島＝独島が完全に抜けてしまいました。その後、竹島＝独島は米英間で協議されませんでした。

こうして竹島＝独島はサンフランシスコ条約に何も記されませんでした。しかも、共同草案を作成した米英の見解がくいちがったままなので、その条約からはいかなる解釈もできません。そうなると、条約は竹島＝独島に関して何ら影響を与えないことになります。

❖今後の課題

前田　歴史的経過を詳しく解説していただきました。今後の課題はいかがでしょうか。

朴　今後の課題としては、外務省が黙殺した資料を含めて重要な史実を日韓両国でしっかり確認する必要があると思います。今のところ、日本ではそうした努力があまりなされていないのが現状です。そうした現状を知るために、重要な史実を日本の外務省や島根県、朝日新聞などがどのように見たのか、いくつか確認したいと思います。

江戸時代、鳥取藩の史料『竹島之書付』における記述ですが、松島を知らない幕府に対して鳥取藩は竹島・松島は鳥取藩領ではないと回答しました。この記録を、外務省は完全に無視する一方で、島根県や朝日新聞は史実を認めました。また、幕府の『朝鮮竹島渡航始末記』付属地図などについてはどこも触れていません。

次に明治時代ですが、外務省の『朝鮮国交際始末内探書』については島根県だけが認めております。一方、内務省の官撰地誌や官撰地図についてはどこもほとんど黙殺しています。また、重要な太政官の「竹島外一島」指令は、外務省が黙殺しましたが、島根県が認めました。朝日新聞はやっと2012年11月1日の解説記事で認めました。

他方、朝鮮関係の資料の解釈ですが、于山島の曖昧さについてはどこも認めております。大韓帝国勅令41号の石島がどこであるかについてはいずれも不明としていて、それ以上の考察を避けています。しかし、石島が竹島＝独島でないとはどこも言っておりません。竹島＝独島以外に該当する島がないからです。また、竹島＝独島は当時「無主地」であったかどうかですが、これはどこも十分な考察をしておりません。

最後に、ダレス電文とラスク書簡については、いずれもラスク書簡には触れてもダレス電文には触れないままで片手落ちです。今後、せめてこれらの重要史実だけは両国間できちんと確認、共有して、冷静な議論を重ねる必要があります。

前田　竹島＝独島に関する非常に長い歴史をかいつまんでご報告頂きました。非常に多くのことが取り上げられたので、木村さんも何にどのように応答するべきか迷うところでしょうが、とりあえずのまとめをよろしくお願いします。

❖国際司法裁判所

木村　どうもありがとうございました。古い文献、古文書を一つひとつ確認することで、お互いどうやって共通の前提認識を持つかという問題はたしかに出てきます。

シーボルトの地図などもあったり、ヨーロッパのほうでは測量のミスをしたり、いろいろなものがあることを丹念に見ていかなくてはならない。康さんは、国際的な領土問題は、国際基準で考えなくてはならないのだとおっしゃいました。その通りだと思います。歴史的視点と国際法の視点から見ていかなくてはならないのですが、国際法となりますと、当事者間における話ももちろんありますし、さらには第三者の目というものも必要となってきます。第三者の目というのが、ラスク書簡のように、あの人は国務省の極東担当の国務次官補ですから、どれだけのキャリアで、アジア政策に精通していたのかということも調べなくてはならない。公正な視点、公平な立場ということで言えば、歴史的な経緯を踏まえながら評価を出していくべきで、そのあたりも検討する必要があります。

近代国家が成立した後の領土の規定について、**無主地先占論***はよく言われています。誰のものでもないところに自分がきて旗をあげたから、自分のものだという論理もありますが、そういったことを多角的に考えた時に、第三者の目が曇っていなければ、公平な判断がなされて解決できるのではないかと思います。まずは当事者間の話し合いが前提ですが。私は日本政府の立場を代弁するわけではありませんが、日本政府は一つの解決策として**国際司法裁判所***に出てもらって、そこできちんとした議論をしようと、韓国の政府に呼びかけています。韓国側から見れば、領土問題ではないという前提ですから、わざわざそこへ行って議論する余地はないということなのですが、日本側からしますと、解決策の一つとしてはあるのではないかと思います。

前田　野田政権の時にも国際司法裁判所への提訴をほのめかして、野田佳彦首相は「国際司法裁判所が領土問題の王道だ」と述べていました。

＊無主地先占論
近代国際法における領土獲得を根拠づける法理の一つ。他国が領土としていない新しい領域を発見した場合に先占によって自国領に組み入れることが認められた。「文明国」を自称した西欧諸国の間での法理論であって、その外側に置かれた地域に対する侵略や植民地支配を正当化する理屈でもあった。

＊国際司法裁判所
オランダのハーグに置かれた国際連合の主要な司法機関。1946年の国際司法裁判所規程に基づいて常設裁判所として設置された。国籍の異なる15名（アジア3名、アフリカ3名、東欧2名、

❖互いに緊張を高めない

木村　2つ目は朴さんが歴史の話をされて、下條説や池内説のお話をされました。東郷和彦氏（元外交官）も良く存じ上げておりまして、私たちの学習会の講師に来て頂くことになっております。おそらくこの話もでるかもしれません。あれだけの歴史の古文書や、こういう認識だったといったことについては非常に勉強になりますし、やはりそういったことを日本側は理解していかなくてはいけないと痛感致しました。松島、磯竹島、欝陵島等、いろいろと混同されていたということですが、歴史的なものを踏まえて現代に目を移しますと、どうも韓国側があそこに軍事基地を構築しているのはなぜなのか。さらには李明博《イミョンバク》*大統領が竹島＝独島に上陸して主張をせざるをえないのはなぜなのか。昭和40年代から徐々に入島政策をして、50年代には港や国境、警備隊などのいわゆる公務員を常駐させて、軍事的な意味で重視して、そういう政策をとっています。

尖閣諸島問題で言うと、日本が公務員を常駐させるということになると、中国の皆さんから抗議、デモが起き、領空・領海侵犯をすることになってしまいます。ですから、韓国側もできれば軍事基地のようなものをつくらずに、冷静に対応していただきたい。韓国は実効支配をしているわけですから、それを日本との間で

北米・西欧・その他から5名）の裁判官で構成される。国家間の法的紛争を裁判によって解決するとともに、法律問題について勧告的意見を表明する。個人の戦争犯罪などの刑事責任を追及する国際刑事裁判所とは異なる。

＊李明博　1941年〜。第17代韓国大統領。大阪市平野区出身。現代建設勤務を経て政界入りし、ソウル市長の後、2007年の大統領選挙で当選。2012年8月、韓国大統領として初めて独島／竹島に上陸した。

話し合いながら、緊張を与えない、つくらないという方策はとれないものかと思います。日本の新聞なんかは、ほれ見たことか、韓国人がツアーで来るという話ならともかく、国境警備隊まで配置して非常に重々しい格好をするのは、どこに怯えて、なぜ緊張しているのか、と唱えることになります。日本の自衛隊や民間人が上陸して「竹島は日本の領土なのだ」といって奪還することはできない状況にあります。にもかかわらず、あそこに国境警備隊を何十人単位で配置することは緊張を高めることになります。

「平和の海をつくる」のではなく、かえって緊張政策をとることはよくないと考えます。

日本側から領土問題として「竹島は日本の固有の領土だ」と主張するとか、歴史認識問題や古文書の研究をしていくのも良いし、国際司法裁判所において議論するのも良いと思います。議論をする中で、当事者間同士で解決することが一番必要なことであると思います。しかし、李明博大統領が現職中に竹島に行って、ことさら領土主張するような必要性があったのか。軍事的な基地や港をつくっていくことがはたしてどうなのか。日本側は、竹島を日本の領土だと主張すると、「お前らは反省が足りない」、「韓国に対して再び植民地的な侵略的なことをやっていくのではないか」ということを言われて、反省の基点にされてしまうのですが、逆に言うと韓国側も緊張を抑制していく方策はとれないものなのかと思います。
実は尖閣諸島問題で、２０１２年９月11日に野田政権が国有化したことは説明不足であって、中国から多くの反発をうけて、今日に至るわけですね。時期がとても悪かった。**ウラジオストックでＡＰＥＣ***の大会の時に、胡錦濤主席が緊張を高めないようにしようと言ったのに、野田佳彦首相は、顔を見ないで文章を見ながら、「安定かつ友好的にこれを維持する」ということを言って、その直後に国有化してしまった。メンツを潰したと向こう側がかなり怒っているわけです。国有化のやり方・経緯が相手のメンツを潰してしまい、おかげで緊張を高める結果となりました。このまま緊張状態を続けていきますと、人民解放軍の一部から「日本と一発戦争をしても良い」という雰囲気が出てきているという話もあります。日本側にも「待ってました、やりましょう」などと言う勇ましい人もいるようですが、そういうことにならないように知恵を出し合っていかないといけません。中国との尖閣諸島についてはこういう現状ですので、韓国との竹島問題について、私が言いたいことは、韓国側にはやはり緊張状態を下げるようにしていただきたいということです。

前田　ありがとうございました。竹島＝独島には民間の**独島守護隊***がいるようですが、それとは別に国境警備隊が常駐しています。韓国側にとっては歴史認識の象

＊ウラジオストックでＡＰＥＣ
２０１２年、アジア太平洋経済協力（ＡＰＥＣ）に加盟する諸国・地域が開催した一連の会議。ＡＰＥＣ首脳会議は９月にウラジオストックで開かれ、首脳宣言「成長のための統合、繁栄のための革新」を採択した。

＊独島守護隊
竹島／独島領土紛争のさなか、独島の実効支配を維持するために、韓国の民間ボランティアが独島に代表を派遣して、居住するために組織された支援組織。１９５３～56年に活動した独島義勇守備隊とは異なる。ウェブサイト〈http://www.tokdo.kr/〉

徴というべき島ですから、力の入れ方が違います。

❖竹島領有過程論

木村　古文書に関しては、いろいろと検証が必要なのではないかと思います。私も専門的に竹島問題の昔の古文書を研究したわけではありませんが、朴さんが多くの具体的な資料を提示されていますので、私なりに勉強させて頂きたいと思います。

　焦点の一つは、日本が1905年に竹島を編入したことをどう考えるかという、領有過程ですね。私はその領有過程を肯定的に捉えているわけです。なぜかというと、植民地にしたことでの問題はもちろんありますが、当時のアジア状況を大局的に考えていきますと、明治維新を経て日本が近代国家として国を形成していく時には、どうしてもアジアの中での連携を求めたいわけです。実際、日本の明治維新だけではなく、朝鮮も、**東学党***の方々や**金玉均**《キムオッキュン》*たちや、要するに朝鮮の中での改革を志した方々がいました。その方たちと日本側に同盟が存在しました。日本側は、政府ではなく民間が、そういった方たちへの支援もやっていました。朝鮮独立を日本が支持するという動きもあったのです。

***東学党**
1860年に朝鮮の崔済愚が起こした思想で、朝鮮のシャーマニズムに儒教、仏教などの教義を取り入れたとされる。その信奉者を東学教徒、その集団を東学党と呼ぶ。3・1独立運動を経て啓蒙運動を行った。1894年、朝鮮で起きた農民の闘争の関与者に東学教徒がいたことから日本では「東学党の乱」と呼ばれた。韓国では、甲午農民戦争、東学農民革命とも呼ばれる。趙景達『異端の民衆反乱——東学と甲午農民戦争』（岩波書店）、中塚明・井上勝生・朴孟洙『東学農民戦争と日本』（高文研）参照。

***金玉均**
1851～1894年。

結果的には「日本が植民地にした」と言われるのはその通りですが、**一進会**《イルチンフェ》*の指導者で**李容九**《リヨング》*という方がいらっしゃるのですが、李容九は清の朝鮮支配に対抗していこう、ロシアの朝鮮支配にも対抗していこうといったいろいろな勢力があった中で、日本の明治維新を見習うことを銘記して、一進会をつくって多くの朝鮮の賛同人を得たわけです。

前田　一水会ではなく、一進会ですね。一進会は、1904年から1910年まで活動した団体で、当時の韓国では最大の政治結社と言われます。日本が日清戦争・日露戦争に勝利したので、日本に接近して日本政府や日本軍の支持を求めました。

　韓国と日本を対等合邦する「韓日合邦」運動を展開しました。1910年の韓国併合と趣旨は違いますが、実質は同じではないかということで、今では「親日団体」と呼ばれて、評判が悪いです。

木村　たしかにそう言われていますが、当時の現実を見る必要があります。一進会の人たちの思いを、日本の右翼の方々がアジア主義の立場から応援しました。

　ですが、その思いが日本政府の韓国併合政策に破れました。日本政府が韓国併合を進めたことには問題があるわけです。朝鮮の中でも清国やロシアから独立して、韓国の独立を果たそうとした人々の思いを、日本政府ではなく、民間の合邦運動が達成していたならば、竹島問題もいろいろな解決の方法があったのではな

李氏後期の政治家。朝鮮の近代化のため、日本、中国と同盟し、3国でアジアの隆盛をめざす三和主義を唱えた。1882年、訪日し福沢諭吉の支援を受けた。1884年、清仏戦争のさなかに、政権打倒のクーデタ（甲申事変）をおこしたが失敗し、日本に亡命した後、上海に渡り暗殺された。

＊一進会（日本語読み＝いっしんかい）
1904～1910年に大韓帝国で活動した最大の政治結社。宮廷政治の限界を前に、外国の力を借りて韓国を近代化しようとした開化派の団体で、日清・日露戦争で影響力を強めていた日本に接近し、韓国と日本の対等な「韓日合邦」のため

いか。日本政府の韓国併合と、民間の合邦運動を単純に同一視するべきではありません。

竹内好《たけうちよしみ》*は、日清戦争、日露戦争、支那事変、大東亜戦争という戦いの評価をめぐって、あの大東亜戦争では、東京裁判で全部断罪されてしまうようなことばかりではなく、光を当てなくてはならない側面もたしかにあったと述べています。光を当てなくてはならない部分とは、日本がアジアの人々の独立運動と連帯して西欧列強の植民地化と戦ったことです。それは竹内好も述べていることです。ですから、この評価は難しいのです。もちろん、朝鮮植民地の36年間、台湾での45年間、これは支配を受けた側の人たちでないと、苦しみがわからないわけです。植民地にされた人々の苦悩を軽々に論じるつもりはありません。しかし、植民地の中でも、日本の政策に実は評価されてもよいところがあったのではないか。なぜかというと、大局的なことを考えると、アジアの西欧列強からの独立を死守するために戦った人たちの思いがそこにあるという視点なのです。

前田　植民地支配を全否定するのではなく、植民地政策の在り方を一つひとつ検証するべきだという見解です。次に康さん、お願いします。

康　朝鮮人の立場から言いますと、まず我々はなぜこれを歴史問題として扱うのか、我々にとって歴史問題とは何かです。歴史問題というのは、日本による朝

に活動した。指導者として李容九、宋秉畯、尹始炳などが知られる。韓日合邦は韓国併合とは異なるが、一進会は日露戦争で日本に協力したこともあり、「親日団体」とされる。

＊李容九
１８６８〜１９１２年。大韓帝国の政治家。甲午農民戦争で日本軍と戦い、逮捕された経験を持つが、日露戦争期に「親日」に転じた。１９０４年、一進会を設立して会長となり、アジア主義と韓日合邦論を唱えた。１９１０年の韓国併合後、一進会を解散した。

＊竹内好
１９１０〜１９７７年。中国文学者、文芸評論家。

鮮植民地政策問題です。たとえば、日本外務省が、サンフランシスコ条約で独島を放棄しなかったと主張し、サンフランシスコ条約では独島のことについて扱っていないと言っています。なぜか。サンフランシスコ条約で対象とされたのは、1910年の日韓併合条約以後に日本が所有した領土問題だからです。独島は1905年に日本に編入したので対象にならないと言います。ところが、我々から見ると1905年に日本は朝鮮の外交権を奪ったわけです。外交権を奪っておきながら、独島を編入した時に異議を申し立てていないといった言い方をします。こんな言い方で納得できるはずがありません。こういった意味で、歴史問題と言っています。

領土問題ですから、歴史的文献をつぶさに調査することは重要です。それは必要だと思いますが、それが決定的な要素にはなるとは限りません。領土問題というのは法的問題です。「日本のどの国にも属さない」といった言葉がありましたね。これは「当時の日本には国がいっぱいあった」ということです。今の日本人はこのことさえ無視しています。当時は日本が統一国家ではなく、幕府は幕府であって、政府ではないわけです。だから、竹島を「日本」に編入したわけではなく、「島根」に編入したわけです。歴史文献だけを見ても、どれだけ現実的に有効かという問題があると思います。歴史的知見に基づいて、法的政治的に議論しなければ

魯迅の翻訳や、日中関係論で知られる。1960年の日米安保条約強行採決に抗議して東京都立大学教授を辞したことも有名である。著書に『魯迅』『国民文学論』『方法としてのアジア』『近代の超克』。

なりません。
植民地支配を精算する立場で、1905年の編入をどう見るかが大事です。1905年とは、日清・日露戦争——日本が朝鮮を獲得するために引き起こした戦争の渦中で、その前触れで独島を編入したのです。そういった視点がないと理解できません。日本政府は「固有の領土」などという曖昧な、占領を正当化するための言葉で言うだけではないですか。

前田 日本は統一国家ではなかったとのご指摘です。統一国家という言葉の定義によるかもしれません。江戸時代の各藩分立状況は連邦制で説明が可能かもしれません。

康 もうひとつは、後ろにアメリカの動きがあるということです。サンフランシスコ条約にしてもなぜ独島が抜けたのか。アメリカの下手な策謀です。アメリカ国務省第7次草案までは独島は韓国領に含まれていたわけです。それをシーボルト駐日米大使の報告とラスク書簡で、変えたわけです。その後の草案からは独島は抜けました。歴史的に見ても独島が韓国のものであるのを、根拠もなしに、ないと言い出したわけです。日本は喜びましたよ。自分たちの主張に都合が良いのですから。サンフランシスコ条約自体が朝鮮を無視してやっているので、こういうことが起きるわけです。当事者を無視したままサンフランシスコ条約を締結したので、当事者の意見がまったく考慮されていません。

　その後のアメリカの政策をみますと、日韓が何度も独島問題でぶつかっていますが、１９５４年には武力騒動が起きていますよ。独島が爆撃されてすごかったです。そういった問題が起きるたびにアメリカが中に入って中途半端なことをします。それが李承晩から朴正熙に至り、それがずっと続いて、アメリカの背後の動きに惑わされて問題を解決できていません。ですから独島問題を解決するにはアメリカの介入を断ち切ることです。

　ですから、１つ目は、朝鮮植民地支配に対する精算をきちんとすること。２つ目は、アメリカの干渉を遮断すること。これがないと平和の海にはできないと思います。３つ目は、領土問題を時の政権が自分の権力を強化するために利用してはならないということです。先程、木村さんから李明博の独島訪問のお話がありました。正直、私も気分が悪かったです。なぜか。その時、李明博政権はものすごくぐらついていたのです。それで独島に行ったわけです。要するにパフォーマンスです。領土問題を自分の権力を維持するためのパフォーマンスに使ってはいけません。それは韓国だけでなく、日本も同じです。領土問題を政権維持の道具にしている。こんなことをしていると解決できません。最低限この３つを解決しないと、平和の海にはできないと思います。

尖閣諸島も同じです。なぜ日本が急に国有化したのか。アメリカは文句を言わないのか。日本では「日米安保条約が適用されるのか」という論議がありました。領土問題にアメリカを引き込んでいるのです。アメリカは「日米安保条約が適用される範囲に入っている」と言っていますが、武力騒動があった場合、アメリカが出動するなんて一言も言っていません。実際にどう動くのかはまったくわかりません。アメリカは今のアジア情勢で、**ＴＰＰ***も全て介入するわけです。目的は中国の拡大をくい止めることです。中国が**上海機構***をつくってアジア全域で膨張していると言って、アメリカはこれを止めなくてはいけない。それで経済の側から止めようとしているわけです。そのためにアメリカは日本を利用しています。

かつて、**中曽根康弘《なかそねやすひろ》***が、アメリカに行って「日本は不沈空母だ」と言いました。今も同じです。なぜ日本に米軍基地がなくてはいけないのか。「敵が怖いから」「北朝鮮が攻めてくるかもしれない」と言います。私は、北朝鮮は攻めてこない、心配なら平和条約を結んで、国交を樹立すればいいじゃないかと思います。それで問題解決でしょう。なぜ北朝鮮と喧嘩するのでしょうか。平和条約を結べば、実質上はアメリカとの安保条約は切れるでしょう。

自衛隊も同じで、どんな国であれ、国防軍を持っても良いと思います。それなのに、なぜ自衛隊をもつことに朝鮮は反対するのか。日米安保条約があるから、

＊ＴＰＰ
環太平洋戦略的経済連携協定の略称。環太平洋パートナーシップ協定ともいう。２００５年に始まった経済の自由化を目的とした多角的な協定である。関税の撤廃、産品の貿易、原産地規則、サービス貿易、知的財産、競争政策など多角的に協力関係を結ぶもの。

＊上海機構
２００１年、上海で設立された中国、ロシア、カザフスタン、キルギス、タジキスタン、ウズベキスタンによる安全保障のための多国間協力機構。加盟国の元首により構成される元首評議会の下に、政府首脳評議会が置かれ、加盟国間で連絡、

朝鮮は日本の軍備に反対するのです。日本の軍隊はアメリカの手下になる。アメリカの言う通りに動くのではなく、日本が自立して、アメリカを断ち切り、自主的な国になるのなら軍隊は持ってもよいと思います。今、日本が自衛隊を持つことは危険なことだと言われています。危険も何もなく、自国を守る自衛隊があって当然です。ところが今持つと危険だから、私たちは持つなと言っているわけです。アメリカが後ろでうごめいていることをしっかりと認識しないと、平和の海をつくるのは難しいと思います。

前田　ありがとうございました。ちなみに、私は軍隊廃止論者です（笑）。日本軍も韓国軍も朝鮮軍も、すべて漸次縮小して、廃止に向けて努力すべきだと思っていますが、それは今日の主題ではありません。では、朴さんよろしくお願いします。

朴　竹島＝独島問題は、日本と韓国の間で、お互いの国民が最大の懸案事項と感じているという世論調査が報道されていますが、今後どうするか。

まず、お互いに相手を刺激するような行動だけは避けなくてはいけない。たとえば、李明博大統領が独島に上陸して、日本から大変な反発を買いました。日本はこの問題を国際司法裁判所に提訴することを検討しているそうですが、韓国は反発しています。こうした刺激的な言動は慎重にすべきです。李大統領の訪問は韓国にとっても何もプラスになっていません。

調整を行う。

＊中曽根康弘
1918年〜。第71〜73代内閣総理大臣。衆議院議員、科学技術庁長官、運輸大臣、防衛庁長官などを歴任した。「自主憲法制定」の旗頭であり、日本列島を「不沈空母」に例えた発言や、リクルート事件への関与を取りざたされた。原発導入政策の中心人物でもあった。

一方、国際司法裁判所の提訴で言えば、はじめから韓国は応じないということがわかっていて、それにもかかわらず提訴を持ち出すのは、国際司法裁判所の政治利用です。冷戦時代には東西間でよく行われましたが、現在はそういったことをするような時代ではない、と**芹田健太郎***氏も言っていたと思います。ましてや日本と韓国はお互い自由主義国家で、価値観も似たような、ともに手を取り合っていくべき国です。そのような国に対して政治利用で国際司法裁判所に提訴するのは、日本では一時的な不満のガス抜きにはなるかもしれませんが、それだけの効果にしか過ぎない反面、韓国をいたずらに刺激するだけで問題を悪化させるだけです。

それから、教科書問題でも、日韓両国の教科書で、竹島＝独島は自国の固有の領土であるといった主張がなされますが、これも撤回すべきだと思います。「固有の領土」という用語自体が歴史的に成り立たない概念です。そのうえ、「固有の領土」を言いだすと、それに言いがかりをつける相手の国はけしからんという発想に陥り、相手との対話が困難になるばかりか、史実を知ろうとする努力も止まってしまいます。問題解決に固有領土の主張は百害あって一利なしです。

今後どうするかですが、もっと歴史研究を深化させるべきだと思います。歴史研究は現在進行形で、50~60年間にわたって徐々にいろいろな真実が明らかにな

***芹田健太郎**
神戸大学名誉教授、京都ノートルダム女子大学学長。専門は国際法、国際人権法。著書に『永住者の権利』（信山社）、『島の領有と経済水域の境界画定』（有信堂高文社）、『日本の領土』（中央公論新社）。

りました。最近では、1895年から韓国人が独島でアシカ猟をやっていたことが2012年になってわかりました。あるいは江戸時代に幕府が絵図で松島（竹島）を朝鮮領と同じように赤く塗って、朝鮮領だと示していたことも、2012年に明らかになりました。このように核心にせまる真実が少しずつ明るみに出つつあります。

そうした成果は広く普及させると共に、情報隠しなどには厳しい目を向ける必要があります。**内藤正中***氏が『竹島問題入門』にて指摘しましたが、外務省は歴史の一部をご都合主義でつまみ食いをして、自分の主張と相容れない事実は無視してパンフレット『竹島問題を理解するための10のポイント』を出しました。内容があまりにもひどいので、内藤先生は黙って見過ごすことができずに『竹島問題入門』を発刊されました。外務省のように一方的な宣伝ではなく、正しい歴史を、現在の研究成果でどうなっているのか、広く積極的に知ってもらう努力が今後とも必要です。

＊内藤正中
歴史学者、島根大学名誉教授。著書に『竹島＝独島論争』（共著、批評社）、『竹島＝独島問題入門』（新幹社）。

❖李承晩ラインと漁船拿捕

朴　その点、島根県は最新の研究成果を少し取り入れてはいますが、時には首をかしげたくなります。その一つが李承晩ラインの問題です。島根県は「韓国は1952年に李承晩ラインを宣言し、その中に竹島＝独島を取り込んだために竹島問題が始まった」と盛んに言っていますが、これは疑問です。

韓国が竹島＝独島を自国領として統治したのは日本の降伏後に過渡（臨時）政府が成立した直後からであり、日本船の侵入に刺激されて1947年には竹島＝独島に調査団を派遣し、竹島＝独島の自然や歴史などについて調査しました。また、韓国が独立した1948年にアメリカ軍の誤爆で竹島＝独島で多くの漁民が亡くなられた事件がありましたが、この事件の処理で韓国はアメリカに対して損害賠償を請求するなど、一貫して主権を行使してきた歴史があります。決して李承晩ラインを引いた時に竹島＝独島を奪取したわけではありません。

次の問題点として、島根県は韓国が竹島＝独島付近の李承晩ラインで多くの日本漁船を拿捕《だほ》して、中には死傷者も出たようなことも盛んに言っていますが、実は、竹島＝独島付近で捕まった漁船は1隻もありません。

調べてみると、島根県の船は李承晩ラインをこえて11隻が拿捕されましたが、それらは全て済州島や、対馬沖などであり、竹島＝独島付近で捕まった漁船は1隻もありません。それも当然です。韓国は竹島＝独島近海で李ラインの取り締まりをやらなかったのですから。というのも竹島＝独島付近は海が深く、当時の漁業技術・知識では魚がほとんど獲れない海域であり、日本の漁船もほとんど出漁しなかったため、韓国も取り締まる必要がなかったのです。

李承晩ラインというと、日本人にとっては大変な苦難の記憶として残っているので、島根県はそれを利用して竹島＝独島問題への関心を喚起したいのでしょうが、まったく関係のない李ラインでの拿捕を竹島問題に結びつけるミスリーディングな広報はやめるべきです。島根県にはぜひ事実に基づいて、考え直して頂きたいと思います。

前田　最後の話は私も初めて知りました。てっきり竹島周辺でも拿捕されていたと誤解をしていました。

木村　朴さんのお話では、竹島周辺であまり拿捕されていないということですが、そうなるとますます韓国側があそこに警察隊を派遣して常駐させているのは、緊張がないところに緊張をつくるようなことだと思いますが。

朴　この原因は、１９５３年に日本の巡視船が竹島＝独島で漁業をしていた韓国人を追い出そうとしたことにあります。それに反発して「独島を守らなくてはいけない」ということで民間人が行動を起こしました。それが出発点だったのです。

木村 20年ぐらい時期がずれるのではありませんか。

朴 いいえ、ずれていません。民間人からなる独島守護隊だけでは日本の巡視船には対抗できないということで、１９５４年に海洋警察隊が独島守護隊員を組み入れて独島に駐屯するようになりました。

木村 日本の巡視船が1回は行ったというのはわかります。その後も行ったのでしょうか。民間人だけでは保守できないくらい、日本からの攻勢が続いたのですか。

朴 日本の巡視船は、１９５３年から10年間で40回くらいは行っています。そのほとんどは１９５３年から54年に集中しています。

木村 今も日本の海上保安庁が行っていますが、1年に1回、いわば予算獲得の意味もあって、竹島の手前まで行って、デモンストレーションはしていますが、竹島に接岸しようとしていません。日本の領海内で行動しているだけです。

康 日本の巡視船は１９９４年から２００４年まで毎年、海洋調査の名目で独島へ海洋調査隊が行っています。

木村 もし、領海侵犯をしたようなことがあれば、韓国政府が日本政府に抗議できたはずです。

康　抗議するとややこしくなるので、少し待ってくれと、アメリカが間に入っているのです。

木村　たしかにウィキリークスによって暴露されたように、海洋調査隊などが行ったようです。それはわかります。でも、アメリカが邪魔するから韓国は抗議しないというのはおかしい。日本に抗議すればよい話です。

康　アメリカの力と韓国の力の差を見なくてはなりません。米軍が韓国に駐留しています。それは日本の政治と同じです。今、日本が日米安保条約を破棄し、米軍が撤退すると言い出したら、日本はそれで良いといいますか。

木村　たしかにそういった政治状況はあると思いますが、我々は日米安保条約をやめろという運動をしているのです。自主独立を目指しているわけです。アメリカ軍駐留を断ち切ろうと言っているわけです。沖縄へのオスプレイ配備だって反対しています。

康　私が言っているのは、独島にどうしてああいった軍事的施設をつくるのかという話でしたが、日本の船が来ているから、その反作用でできたということです。

木村　そのことはもう1度確認します。１９９４年から２００４年までの海洋調査隊、１９５２年から10年間で40回の巡視船のことはもう1度確認します。

朴　巡視船の他に島根県など官公庁の船も含めると１９５３年から10年間で50回く

らいになります。

康　それを「日韓共同で調査をしよう」ということで話を収めたのです。ですから、あやふやのまま終っているのです。ところが、日本外務省はこういった文書は出しません。ウィキリークスが暴露した文書しかありません。

前田　韓国側ではどう言われていますか。

康　韓国側は、外務省局長である李ハンという方が、駐韓米参事に「日本当局は13年間、独島の前で知らないうちに単独調査を実施してきた」と言っています。根拠のないことは言っていません。

前田　どちらが先に挑発したのかという議論になってしまいかねません。

康　日本側も韓国側もお互いやりあいになってしまっています。それを止めなくてはいけません。先ほど私が言ったことが1つの方法なのではないかと思います。

木村　アメリカの介入を排除するというのは同意できます。なぜかというと、北方領土問題でもダレス提案というのがあって、北方領土で日本は2島返ってくるといわれたのに、2島では駄目だ、4島にしろということがありました。ですからアメリカの干渉を排除するのはわかるのです。また、植民地の精算もきちんと考えなくてはいけないのですが、精算をしていないというのは「慰安婦」問題なのですか。領土問題ではなく、「慰安婦」問題なのでしょう。

康　「慰安婦」問題も解決が必要ですが、今言っているのは、植民地にしたことをどう思うかということです。たとえば天皇に土下座を求める意見があるとします。なぜ土下座しなくてはならないのか。それを日本は自分に問うたことがあるのか。それは我々の問題ではなく、日本人の問題です。行くたびに頭を下げなくてはいけない状況をつくったのは日本です。

木村　天皇陛下は韓国にはまだ行かれていません。中国には行きました。韓国の**金**《キム》**大中**《デジュン》*大統領が２０００年に訪日された時に、天皇陛下とお話をされました。その時に天皇陛下は「痛惜の念がある」ということを述べられました。その返答に、「これからは日韓の未来志向でいきましょう、できれば陛下も韓国に来て頂きたい」と言っておられたと思いますが、そこで過去の問題はお互いに言いあうことはやめましょうとなりました。私はそれで一つの区切りはついたと思います。しかし、個別の問題があります。「慰安婦」問題といった問題は今もあります。たとえば**アジア女性基金***が提案されたことはありました。国が謝罪をしていないと韓国側から言われますが、国が謝罪をすれば良いのか、天皇陛下と韓国大統領が話し合った区切りの共通性はもてないのかということです。

康　ですから、そこに問題があると思います。金大中が未来志向で行こうと言ったことには納得しています。しかし、安倍晋三首相のように過去を掘り返して、「慰

＊金大中　１９２５～２００９年。第15代韓国大統領。民主化運動の先頭に立ち、大統領選でも大健闘していたが、１９７３年、東京にいるところを韓国中央情報部によって拉致され、暗殺寸前で助かった。１９８０年、光州事件などを口実に死刑判決を言い渡されたが、国際的批判の高まりのため執行されず、後に無期懲役に減刑された。１９９７年の選挙で大統領に当選し、危機にあった韓国経済を立ち直らせた。１９９８年、小渕恵三首相と日韓共同宣言。２０００年6月、平壌で金正日国防委員長と6．１５南北共同宣言。東アジアの平和と安定に貢献したとして

安婦」問題はなかったというようなことを言っています。この話はしないとか言いながら、執拗に繰り返しています。

前田　日韓の対立が煽られている中で、どうするのか。朴さんが冷静な議論をと強調されています。わかっているはずなのに、冷静な議論、出発点までなかなか辿りつけません。歴史認識問題、植民地問題をどう精算するか。今まで引きずってきた現状の中で何ができるのか。日朝、日韓含めてどうしても根っこの部分が解決しないので、それが竹島問題にも集中的に現れてきます。他方で、木村さんがおっしゃった「慰安婦」問題などもあるので、歴史にさかのぼって議論しなくてはいけないし、ひとつ一つ確認しなくてはいけません。

朴　この問題はまだまだ研究しなくてはいけない問題だということをしっかり認識するとともに、正しい知識が広がらないことが大きな問題でもあります。たとえば1877年の太政官指令は、25年前に研究論文で明らかにされていました。それを去年（2012年）の11月、朝日新聞が初めて認めました。25年もかかりました。なかなか正しい知識が広がらない。これについて、**田原総一朗***氏も「あまりにもマスコミは不勉強である、太政官指令を知らない」と述べていました。その不勉強なマスコミから多くの日本国民は知識を得るので、なかなか正確な知識が広まらないのが実状です。ともかく、1にも2にも正しい歴史的事実、真実が

ノーベル平和賞を受賞した。

＊アジア女性基金
正式名称は女性のためのアジア平和国民基金。元日本軍「慰安婦」に対する補償問題に関連して、日本政府は法的責任を否定し、道義的責任から被害女性に償い金を渡すために、1995年、アジア女性基金を発足させた。政府による出資金は被害女性に渡さず国内事業を行い、国民からの募金を集めて償い金と首相のお詫びの手紙を渡す方式を選択した。フィリピン、韓国、台湾で285名に償い金を渡し、オランダ、インドネシアなどで各種の事業を行い、2007年に解散した。

どうであったのかを究明するとともに、これを皆が知ることが何よりも大切です。

康　先程も申し上げましたが、何度でも繰り返します。この問題を時の政権が自分のために扱うようなことをしてはいけない。そのことを皆さん、つねに警戒すべきだと思います。

木村　時の政権がこの問題を利用してはいけないというのは同感です。それと、アメリカの干渉を排除するということも同意できます。先ほどの康さんの提起で、歴史的な植民地支配の精算をしなくてはならないといったお話を頂きました。たとえば、植民地の精算というのは、天皇陛下と金大中大統領とのお話の一区切りをひとつとして、どういう形をとれば皆さんが納得できる精算なのか。たとえば「慰安婦」の方への補償をするとか、さらには大東亜戦争の時に一緒に軍人として戦われた朝鮮籍の人たちの戦後補償がうまくいっていないことに対してやるべきなのか。植民地の精算とは、具体的に何をやればよいのかということですね。その精算のために、たとえば竹島を韓国と朝鮮の「統一朝鮮」にプレゼントしなさいといったことが、賠償を含めた謝罪になるのかということですか。

それから先ほど、１９０５年の領有過程に関連して、私が肯定しますと言ったのは、アジアの国々のことで、たしかに朝鮮は李朝５００年の歴史で統一国家が形成されていました。しかし、西洋近代の国民国家の概念としてはまだ認知され

政府の法的責任を逃れるために作られたダミー組織という性格をもつため、韓国では反発を受け、日韓の感情的対立を増幅させ、多くの被害女性が受け取りを拒み、事業は失敗に終わったという評価がある。

***田原総一朗**　ニュースキャスター、評論家。元東京12チャンネル・ディレクター。朝まで生テレビ、サンデープロジェクトなどで司会を務めた。

ていませんでした。日本のほうが明治維新を経ることによって、近代国民国家として西洋の枠組みの中で認識されました。その時点で見ると、日本も西洋の植民地支配を受けずに自力で明治維新をやりましたが、その後、明治28年には日清戦争、38年には日露戦争を戦いました。日本が国民国家として西洋列強に立ち向かっていくと同時に、そこで国家としての領土画定が必要でした。竹島の編入作業についても、国際的にこれを主張できるということの現れであったと思います。というのも、その時点では、皆さんのご理解を得られるかどうかはわかりませんが、「無主地」という概念が近代国家、国民国家の領土の理解としては要素の一つになっていたわけです。概念は世界を支配することはできません。しかしそれが時の流れですから。当時はその流れに乗らざるをえなかった。しかも、日本なりの抵抗はしていたわけですよ。

康　要するに「帝国主義の時代は帝国主義に従わなくてはならない」ということですね。植民地の精算というのは、歴史観を含めた捉え方の問題です。「慰安婦」問題といったように、賠償が個別の問題として収まるわけではなくて、その社会に生きる人間の歴史観を含めた思想や認識の変革の問題なのです。

木村　それは理解できますが、朝鮮の中でも李容九とか金玉均たちの生き方を、単純に否定できますか。

康　単純に否定してはだめです。しかし、植民地精算問題で一番大事なのは植民地支配をした罪人が罰せられていないということです。補償の問題ではなく、罰せられていないのです。たとえば**麻生太郎***元首相ですが、麻生財閥は強制連行で何人連れていったと思いますか。賃金を一銭も払わずに強制労働です。それなのに平気な顔をして首相をやっているわけです。そういう意味で日本は反省をしてないと思います。だから精算をきちんとしなくてはいけません。そうしないと平和の海にはなりません。

木村　日本帝国主義の良いところばかりをつまみ食いして懸命にプレゼンテーションをしていると思われるかもしれませんが、そういうことではありません。自分の経験ですが、この間のイラク問題とかアメリカの戦争犯罪とかずっとやってきましたから、大東亜戦争とかその後に起きてきた戦争は、人類の教訓と反省が一切されていないことが、私に言わせれば「全人類の敗北」なのです。植民地問題もたしかに大変です。しかし、あの大東亜戦争で戦争は終わったと、世界大戦が終わったといった後に、皆が平和を求めようと言ってきた。しかしその後、変なかたちでベトナム戦争がおきました。そして反対運動もおきました。近現代で言えば、10年前にも理不尽きわまりない形で人が殺されていっているのです。我々はそれすら止められなかったわけです。

***麻生太郎**
1940年～。第92代内閣総理大臣。衆議院議員、副総理、財務大臣を歴任。朝鮮半島で強制労働をしたとされる麻生財閥の出身。憲法改正問題では「ナチスの手口に学ぶ」と発言して批判を浴びた。漫画が好きだとか、漢字が読めないなどの話題が知られる。

前田　20世紀の戦争への反省にもかかわらず、21世紀の戦争と虐殺を止められなかった。

木村　平和の海をつくるためには2度と戦争をしないと誓った60数年前の気持ちがどうなったかを考えることです。つい10年前に戦争を止められなかったことで、非力感があります。それは私の経験です。そういう意味で植民地の精算について、大日本帝国の良いところばかり見ようとしているのではなく、世界史全体の中でわれわれの課題を考えようとしているつもりです。

前田　時間がなくなりました。終わりも日本定刻主義でいきましょう。最後に木村さん、まとめを一言お願いします。

木村　皆さんからお叱りを受けることはいろいろありますが、平和の海をつくりたいというのは事実です。そして、**金正日**《キムジョンイル》*氏が亡くなられた時に、**在日朝鮮人総聯合会***の方々の訪問団をぜひ派遣してくれと日本政府のトップに言いました。「人の付き合いは村八分というのがあります。村八分はつきあわない中で火事と葬式はどんな人でもつき合います」と話しました。経済制裁ですから、人の往来ができません。朝鮮総連幹部は国会議員待遇になっているので行けません。しかし、一般の在日朝鮮人、高齢者の方々に**万景峰号**《マンギョンボンごう》*の経済制裁を一時的解除して、弔問船としてぜひ行かせてください、やってくださいということを言いました。政治

＊金正日
１９４１～２０１１年。朝鮮民主主義人民共和国の政治家。建国英雄の金日成の長男であり最高指導者の地位を父親から継承した。朝鮮労働党中央委員会総書記、国防委員会委員長。

＊在日本朝鮮人総聯合会
１９５５年に設立された在日朝鮮人の在留者団体で、朝鮮総連とも略称される。朝鮮民主主義人民共和国の外交機関に準じる性格を有し、旅券業務なども行ってきたが、日本政府は敵対視して調査対象としてきた。

＊万景峰号
朝鮮民主主義人民共和国の貨客船で、主に元山と新潟の間を就航していた。日

家の決断力を求めました。誰もこんなことは気がつかないし、言いません。今の時点で、未来志向でこれから何ができるかということを一所懸命やっているわけです。

ですから、日本にいる遺族の方々の要望も受けて、経済制裁で日朝間のパイプがない中で、平壌に行って「日本人残留遺骨2万2000があるので、これをなんとか返して頂きたい」と向こう側に話をしました。6年前に行って、最近やっと実現しました。日朝の厳しい関係の中、何もできない経済制裁の中で唯一パイプと言われているのが、一水会が提議した遺骨問題です。こういったことを一つひとつ実現していくことで、小さいけど平和の海をつくるためになればと思っています。産経新聞社が出している『月刊正論』という雑誌の2013年1月号を見てください。そこで私は批判されています。けれども、日本人遺骨問題を動かさなければなりません。植民地については言いたいこともいっぱいあるし、そこが問題なのだ、大切なのだと言いますが、日本としても戦わなくては『**坂の上の雲**』*を登らなければならなかった。良いか、悪いかという話は、今後のアジアとの関係によると思います。

前田　どうもありがとうございました。何しろ大きなテーマなので、本当に何度も議論しなくてはなりません。今日はどうもありがとうございました。

朝関係の悪化に伴う制裁のため入港禁止とされた。

＊坂の上の雲
1968〜1972年に執筆された司馬遼太郎の歴史小説『坂の上の雲』は、封建時代から近代に移行した日本が、登って行けば到達できる「列強」をめざして「坂の上の雲」を登っていったと喩え、明治維新から日露戦争への成功物語を提示した。中村政則『「坂の上の雲」と司馬史観』（岩波書店）、原田敬一『「坂の上の雲」と日本近現代史』（新日本出版社）参照。

（2013年1月12日）

第2章　東アジアに平和の海をつくる

――尖閣諸島問題

（2013年2月9日）

木村三浩（一水会代表）
陳慶民（東京華僑総会副会長）
岡田充（共同通信客員論説委員）
前田朗＝司会（東京造形大学教授）

前田　東アジアに平和の海をつくるためにどのように議論をすれば良いのか。何をどう考えていけば良いのか。どこに手がかりがあるのか。そういうことも考えながら討論をします。最初に木村さんから問題提起をして頂きます。尖閣諸島をめぐる現在の状況、尖閣諸島国有化問題もふくめて、現在の状況をどうご覧になっているでしょうか。

❖尖閣国有化問題

木村　前回は竹島問題で議論をさせて頂いて非常に良かったと思います。韓国サイドのほうから竹島問題の歴史や現状について伺いまして、刺激になりました。切磋琢磨する場がつくられたように思います。領土問題というのはなかなか白黒つけがたい問題ですけれども、共通の認識をつくることによって、そこからどうやって次のステップに向けた議論を共有していくことができるのか。韓国サイド、朝鮮サイドのほうから、手がかりをいただきました。というのも、我々は政府ではありません。民間人ですので、民間人の立場で議論を重ね、対話していくことによって打開策があるのではないか。手探りではありましたが、手がかりが得られた印象を持ちました。

今日は尖閣諸島問題ですけれども、岡田充さんの『尖閣諸島問題——領土ナショナリズムの魔力』という本を拝読させて頂きました。非常に優れた本であると思います。日中関係の現状や、過去を詳しく振り返りつつ歴史的な経過、そしてそれが国際社会、国際関係の中でどう見られているのかも書かれています。最終的には1つの解決方法として、領土と国家を相対化しながらやっていくというご主張です。特に台湾の**馬英九**《マーインチウ》*氏の平和構築のイニシアチブの提起を非常に評価されておられて、それが1つの積極的なアプローチであると書かれておりました。その点についても議論していきたいと思います。仄聞するところによると、この本を出されて岡田さんは一部で「売国奴だ」などと言われているそうですが、私はそうは思いません。立場は違いますが、非常に良い本ですし、勉強になります。日本と中華人民共和国と台湾のことを公平にお書きになられていると、私には読めました。

ただ、石原慎太郎（当時・東京都知事）のことで少し厳しすぎるのではないかと感じました。石原都知事が尖閣を東京都で購入するということで、ワシントンのヘリテージ財団で喋ったことから紛糾していった問題だと書かれています。実はこの問題をもう少し見ますと、**2010年の漁船の衝突事件***があった時に、前原誠司国交大臣（当時）が、今まであの地域に中国漁船が日本の領域に入ってき

＊馬英九（日本語読み＝ばえいきゅう）
1950年〜。第12〜13代中華民国総統。第6代中国国民党主席。1999年に台北市長に当選し、2008年に総統に当選した。学生時代に尖閣諸島奪回を唱え、アメリカ留学中に領土問題の研究をしていたため、歴史認識や領土問題では日本に対して厳しい意見を持つと言われるが、総統就任後は知日派としての発言を心がけている。

＊2010年の漁船の衝突事件
尖閣諸島中国漁船衝突事件。2010年9月、尖閣諸島近海で操業中の中国漁船に対して、違法操業を取り締まろうとした

た場合の解決方法を、少し踏み込んでしまったところがあります。どのように踏み込んだかを理解しておく必要があります。民主党政権は強い対応をしていくべきだということで、あの船長を捕まえてしまったわけです。それも実は、外務省中国課課長にも話をしていないで、前原大臣が独力で対処しなくてはいけないということで船長を逮捕してしまった。そういった事態が起きまして、緊張感が高まっていった。

今までの慣例で言いますと、中国漁船が入ってきた場合には、日中漁業協定の了解事項の中で、自国の漁民に対する取締りは自国の海上保安庁等といった機関が行うという暗黙の了解があったわけです。ところが、例の漁船の行動があまりにもひどかったため、逮捕しなくてはいけないということで、前原大臣が外務省に何も伝えないで、飛び越して強行でやってしまった。結果として緊張状態を生んだ。さらに仙谷由人さん等が対応をして船長を中国に返すわけですけれども、那覇地検が起訴しないで返したので、国民から「民主党政権は弱腰だ、司法を越える政治判断はおかしい」という批判がおきたわけです。最初に前原大臣が突っぱってしまった。そして起訴できなくて、民主党政権が弱っていった。この問題で東シナ海の波が高くなってきた。そうすると、海上保安庁も力を入れて守っていかなくてはならない。

海上保安庁所属船との間で発生したトラブル。中国漁船が海上保安庁船に体当たりしたとされる。事件の経緯には不明なところもあり、逮捕した漁船船長を那覇地検が不起訴にし、釈放するなど謎が多い。撮影映像の流出問題も大きな話題になった。

前田　尖閣諸島の所有権はどうなっていたでしょうか。

木村　埼玉県に住んでいる方が魚釣島、北小島、南小島を所有していて、政府が年間２４００万円くらいの賃料で借りていました。よく報道されたように、その方の経済状態の問題もあったようで、ずっと賃料を受け取っておられるのかどうかわかりませんし、ご自身が国か石垣市に売りたいという話になっていた。個人で所有をしているよりは公にきちんと所有したほうが良いのではないか。私もその時に思いました。個人所有よりも公の所有のほうが安定し、維持、管理がスムーズにできる。それでいろいろと働きかけたところ、石原都知事が、山東昭子自民党参議院議員を通して所有者と話し合いをしました。最終的に２０１２年4月に、アメリカのヘリテージ財団で、尖閣諸島を買うことになったという話が出て、そこから一気にボルテージがあがっていったのです。石原都知事が買うと言って、東京都も寄付を公募して14億円くらい集まった。その土地を換算すると20億円くらいだと言われていました。

その背景は何かというと、米軍に沖縄の基地を貸している賃料をもとに、土地の何倍か、6倍くらいか、それを下敷きにして考えていくと、尖閣はだいたい20億円くらいであるという目安がでます。それで20億円で買うということが出てきたのです。本当の資産価値は単純に土地ベースでいえば全くそんなところまでいきません。所有者の借金等を考慮することでそのくらいの値段が出てきたとも言われています。石原都知事の購入案に対して、野田政権は、東京都に購入されると何をされるかわからないということで、野田佳彦首相（当時）が２０１２年9月11日に所有権登記して、国有化したのです。尖閣諸島は日本領ですから、所有を個人から公に移して登記することは間違っていないと思います。ところが、問題なのはタイミングでした。当時ウラジオストックで開催されたＡＰＥＣの際、**胡錦濤**《フーチンタオ》*主席と野田首相が15分くらい立ち話を行ない、この問題を尖らせずに、お互いに沈静化しながらいろいろと考えようと胡錦濤主席が言ったそうです。了解したということで、頷きながら「騒がないようにしましょう」と言った2日後に所有権登記した。これは野田政権の勇み足と言わざるを得ません。判断ミスでしょう。ここからなのですよ、本当に紛糾してしまったのは。国有化は良いのですす。これからいろいろ議論しましょう、話し合いましょう、いろいろな案を出し合いましょうという時に、早急な登記はまずかったと思います。特に私は日中漁業協定をもう1度改定しないといけないと思っております。もちろん台湾も含めて、尖閣諸島、南小島、北小島の主権、領有権、その周辺の漁業権となってくると、いろいろな問題があって難しいのです。実効支配を日本がしているわけですが、今まで、棚上げ状態であって、暗黙の実効支配をしていました。

＊胡錦濤（日本語読み＝こきんとう）
１９４２年〜。中華人民共和国の政治家。江沢民引退後の中華人民共和国の最高指導者で、第４代中国共産党中央委員会総書記、第６代中華人民共和国主席。

前田　木村さんは尖閣諸島に上陸されましたよね。

木村　魚釣島に2回上陸したことがあります。1978年8月11日に、日本青年社で民族派全体の領有活動の中で、第6次尖閣諸島領有決死隊のメンバーの一人として灯台を建てました。8カ月後に小さな灯台の保守、点検をしてきました。30数年前のことですが、都合1カ月くらいは滞在していたので、あの地域の状況はそれなりにわかっているつもりです。日本の領土ですけれども、周りには台湾の漁船等も来ていました。中国漁船を私は目視していませんが、台湾漁船は目視しました。当時は海上保安庁もきつくなく、漁業をやっていたということがありました。

前田　木村さんの尖閣諸島上陸のお話は、以前、私の授業で学生に話していただきました。木村・前田『領土とナショナリズム』に収録しています。ご存じの通り、尖閣諸島には現在ヤギがいて、かなり増えています。そのヤギが草や木の葉等を食べてしまって「食害」などとも言われています。あのヤギを島に置いてきたのは木村さんたちで、今や尖閣諸島の自然を破壊しています。木村さんは責任者なので、ヤギを駆除しに行きたいそうです（笑）。

❖尖閣領有の歴史を見る

木村　歴史上の問題を言い出せば、どちらが発見したのかとか、沖縄に行く際に見たとか、林子平《はやししへい》*の『三国通覧図説』の話とかいろいろあります。しかし、近代国家の領有権の問題で言えば、中華人民共和国は1970年代、1971年12月30日くらいから領有権を主張しました。日本では、1884年くらいから民間人がそこで漁業、採取をしたいということで、日本政府は1895年1月15日に清国の領土主権や支配が及んでいないということで閣議決定をしました。その間には様々なことがありました。それから1945年までは日本の領土であり、実効支配をして維持管理もされていました。その後、日本は戦争に負けましたが、サンフランシスコ条約で放棄すると規定された中にも、尖閣諸島は入っていません。それからアメリカの支配下に入れられ、沖縄返還*と同時にそこも日本に戻ってきました。そこには様々な思惑が存在しますが、日本が領土として管理してきたことはまぎれもない事実です。台湾や中華人民共和国が同地域を維持管理したり、実効支配をしたことはなかったと言えます。

他方で、井上清《いのうえきよし》*氏もおっしゃっているように、日清戦争の結果として領有した。つまり、井上清の立場からすれば、日本帝国主義の侵略の一環である、とい

＊林子平
1738～1793年。江戸時代後期の経世論家。高山彦九郎・蒲生君平とともに「寛政の三奇人」と呼ばれた。長崎や江戸で学び、大槻玄沢、宇田川玄随らと交友した。ロシアの脅威を説き、著書に『三国通覧図説』『海国兵談』など。『三国通覧図説』はヨーロッパ各国語版に翻訳され、領土認識に大きな影響を与えたとされる。

＊沖縄返還
1972年、沖縄の施政権がアメリカから日本に返還された。第二次大戦末期、沖縄戦が闘われたことから沖縄は米軍の占領下に置かれ、さらに昭和天皇がアメリカに沖縄の占有・使用を求めたた

うことになります。そのような認識を示すことの根拠も議論しなくてはならないでしょう。

　いずれにしても、日本が実効支配して、戦前も、沖縄返還後も、暗黙であったとしても、棚上げだったとしても日本が実効支配をしてきた事実があります。

　今日、中国軍による**レーダー照射問題***等が出てきていますが、そもそも国有化によって相手のメンツを潰したことは、民主党政権の外交が稚拙だったと言わざるを得ません。領土を保全していくのは当然ですし、いろいろな方法で領土保全があると思います。また、最近のレーダー照射問題について、日本側はやられたと言っていますが、最終的な根拠をどのように出すかということは、どこで確認したか感知能力を公表することができないと言っています。中国側は、そんなことはないと全面的に否定しているので、どうなるかわかりませんが、尖閣の領有権は日本側に実効支配の維持がされていて、これが実は係争地であるのか、お互いが争っている領有権の問題なのか、これからの論争になると思います。

前田　2012年9月に国連総会で、中国の楊潔篪外務大臣が「日本が盗んだのだ」と言いました。国際的にも大きな話題になりましたが、さすがに驚きました。

木村　**カイロ宣言***を根拠に言っているのだと思うのですが、カイロ宣言自体も戦時中のいわば「反ファシズム戦線」であり、当時の状況と現在の状況では大きく違っ

め、第二次大戦終了後も沖縄の施政権がアメリカに委ねられた。四半世紀後、沖縄民衆の闘争によって「日本復帰」が実現した。

***井上清**
1913〜2001年。歴史学者。京都大学名誉教授。著書に『明治維新』『天皇制』『日本帝国主義の形成』『「尖閣」列島』『天皇の戦争責任』『昭和天皇の戦争責任』など多数。尖閣諸島は日本が中国侵略の過程で領有したと説き、尖閣諸島・中国領説の古典とされる。

***レーダー照射問題**
2013年1月30日、東シナ海で中国人民解

ています。それにもかかわらず、その言葉をもってして、日本が帝国主義であり、侵略したのだ、ファシズムだと言うのは現状認識としていかがなものかと思います。したがって、これは日本の領土であるけれども、中国とどういうかたちで話し合っていくのかを、台湾も含めて議論していきたいと思います。

❖尖閣諸島の名称問題──「固有の領土」論

前田　ありがとうございます。続きまして陳さん、よろしくお願いします。

陳　中国大陸では釣魚島及びその付属島嶼、台湾では釣魚台列島、日本では尖閣諸島と称していますが、現状では日本人の99％はこの島は日本領であると考え、逆に中国人の99・9％は中国領であると認識しております。私自身は、このような領土問題に民間人がしゃしゃり出ることは避けるべきであると考えております。なぜなら、日露戦争処理の**ポーツマス条約***の結果に反発した国民が条約破棄を訴え、いわゆる**日比谷焼打事件***が起きました。領土や主権に係わる問題は理屈抜きに感情を揺さぶり、歪なナショナリズムに陥りやすく、したがって民間人としては大きな声を出したくないのですが、今日は双方の立場からの討論ということですので、私の個人的な意見を述べたいと思います。

放軍の江衛Ⅱ型フリゲート「連雲港」が、海上自衛隊の護衛艦「ゆうだち」に対して火器管制レーダーを照射したとされる事件。

＊カイロ宣言
１９４３年11月22日からカイロ（エジプト）で開催された会議で、連合国の対日方針がまとめられ、フランクリン・ルーズベルト米大統領、ウィンストン・チャーチル英首相、蒋介石中国国民政府主席による首脳会談を経て、12月１日に発表された宣言。日本の無条件降伏、満州・台湾等の中国への返還、朝鮮の独立を掲げた。

＊ポーツマス条約

私は日本生まれ日本育ちですので、皆さんと日本語でお話できます。父は台湾出身の中国人、母は日本人です。故郷は台湾ですが、パスポートは中国で、皆さまは非常に複雑に思われるかも知れません。そのような私ですが、皆さまと比較すれば、中国の主張を知る機会が多いので、私なりに理解していることをお話致します。

さて、島々に対しての呼び方が中国と日本と台湾とでは違います。私は島という呼び方で話させて頂きます。産経新聞に村井友秀氏が論文を書いておられます。キーワードは2つで、国際法上で有効かどうか、そして固有の領土であるかどうかです。多くの日本人も村井先生の主張と同様な認識であると思います。日本側の認識とは異なりますが、一般の中国人の認識をこの場をお借りして紹介させて戴きます。

日本政府や一部の人々が言う「固有の領土」というのは、日清戦争中の1895年1月の「閣議決定」を根拠にしています。1885年から10年間、いろいろと調査した結果、無主地であるので日本の領土に編入したとしています。無主地であるかどうかに関して村井先生は4つを挙げていますが、中国側の資料によりますと、明の時代、永楽帝の時代から島に関する記録があります。個別の島々も名称と共に特定されています。その後、琉球(沖縄)は明朝の**冊封体制***に

日露戦争の講和条約。1905年9月4日、アメリカのポーツマスにおいて小村寿太郎外務大臣とセルゲイ・Y・ウィッテ全権の間で調印された。ロシアが満州から撤兵し、樺太南部を日本に割譲することとしたが、賠償金の定めは盛り込まれなかった。

＊日比谷焼き討ち事件
日露間のポーツマス条約で戦争賠償金を得ることができなかったことに怒った国民が、1905年9月5日、日比谷公園での反対集会をきっかけに暴動を起こし、内務大臣官邸、国民新聞社、交番などを焼討ちした。政府は戒厳令を布いて対処した。

入り、国王が変わるたびに明や清は官吏を現地に派遣し、新国王に臣下の礼をとらせる儀式を行いました。それで朝貢貿易が可能となります。そのような官吏を冊封使と言いますが、合計24回、琉球に赴いています。冊封使は朝廷に必ず報告書を提出しますが、その類の報告書等が歴史的文書として積み重なっております。

当時の地図では、中国語で言う赤尾礁——いま日本では大正島と言いますが——までがちょうど大陸棚に属し、そこから沖縄よりに沖縄トラフという深い海溝があります。その海溝のことを中国では黒い水、黒水溝という呼び方をしています。海溝に沿って黒潮が流れているからです。黒潮は大変激しい流れですので、当時の手こぎや帆の小さな漁船では黒水溝を横切って渡ることは至難の業であったと思います。したがって、中国の大型帆船といえども、春先の南風にのって沖縄へ向かい、北風に吹かれて中国大陸へ戻るのです。長ければ半年くらいは滞在するので、報告書を作成するのには十分な日数といえます。その報告書には当然この島々に関する記述されています。ですから、日本が固有の領土とした1895年に比べ、中国の根拠はさらに500年以上も前の明朝にまで遡ります。時間軸からして異なります。

日本が島々を尖閣列島（当時は列島と記した）名付けたのは1900年ですが、それ以前はすべて中国式の呼称しかありませんでした。1900年に黒岩氏が尖

＊**冊封体制**　中国と近隣諸国・諸民族の間で結ばれた名目的な君臣関係（宗属関係）を基本とした外交体制。中国歴代王朝の君主が称号・印章などを授与して、近隣諸国を服属させた名目を得た。

閣列島という名称をつけましたが、幕末に島を通りかかったイギリス海軍の士官がその島を見て「THE PINNACLE ISLANDS」という呼び方をしたのが尖閣の由来だそうです。ピンナクルとはヨーロッパの教会の先頭にあるとがった形であり、島がその形に似ているからそのように名付け、それらの島々はイギリスの地図にも記載されているそうです。それを黒岩氏が翻訳して尖閣という名前をつけた訳です。ですから1900年以前には尖閣という呼称は存在しません。各時代の歴史的な地図に記された呼称は全て中国名です。したがって、島は中国固有の領土であると中国側は認識しています。

前田　島の日本名すらなかったのに、日本固有の領土だと言うのは妙な話です。

❖先占とは何か

陳　次に国際法上の問題ですが、村井氏が先占という言い方をしています。先占とは「先に支配する、治める」ということなのですが、これ自体が、当時の**大航海時代**＊、植民地時代の国際法です。かなり乱暴な国際法なのですが、それに代わるものがありませんので、その国際法で議論をせざるを得ません。日本が国際法上でも合法であると主張する根拠として、日清戦争の渦中の1895年1月に先占

＊大航海時代
15～17世紀に展開されたヨーロッパ諸国によるアフリカ、アジア、アメリカ大陸への大規模な航海に特徴づけられる時代。日本ではコロン（コロンブス）、バスコ・ダガマ、マゼラン等の名によって代表される。

する旨を下したとの「閣議決定」を掲げています。

この閣議決定とは何であるのか、先占とは何であるのか――まず言えることは、この閣議決定は秘密裏に行われ、天皇の勅書もないし、国内的にも対外的にも公にしていません。この閣議決定の存在が公になるのは戦後になってからです。村井さんによりますと、国際法の割譲の箇所では、「なお、現在では、武力行使により他国領土を強制的に取得しても領有権が移ったとは認められない。」と述べていますが、同じ論理が先占にも当てはまるはずなのです。すなわち、先占といっても武力行使により他国領土を強制的に取得しても認められない。

日清戦争の経過を思い起こしていただきたいのですが、閣議決定をしたという日は普通の一日ではなく、前年の1894年7月に戦争が始まり、戦争が終わる1895年4月の**馬関条約（下関条約）***までの一連の戦争過程における一日なのです。1月はすでに清朝の敗戦が決定的になった段階でした。日本軍が大連、旅順を占領して北から北京に迫るという状況です。そういった中で当時の清朝政府は欧米諸国に斡旋を頼んでいました。このような状況下での閣議決定でした。すなわち平和時ではなく、戦争状態において、ほぼ勝利を確信したうえで行った閣議決定であり、はたしてこれが国際法上で有効なのかどうか疑問です。そういう流れの中で、先占という概念が正しいものなのかどうかも疑問です。中国人の大

***馬関条約（下関条約）** 日清戦争の講和条約。1895年4月17日、下関で調印された日清講和条約。清国は朝鮮が独立国であることを認め、台湾、遼東半島の主権を日本に割譲し、賠償金を支払うことが明記された。

多数は中国領であるにもかかわらず、日本に盗み取られたと認識しているのです。

前田　先占論自体、15~17世紀の大航海時代の国際法です。実際には早い者勝ち、分捕った者の理屈が通るという話ですから、これを20世紀にあてはめることができるのかも疑問がないわけではありません。

❖カイロ宣言と「忘れられた土地」

陳　中国側は今回の日本の国有化を単なる所有権の移転として見てはおらず、これまでのお互いが暗黙に了解していた事項を野田内閣が閣議決定で覆して、さらなる実効支配を強めようとしていると見なしております。つまりこれまで双方が互いに納得していた状況を、日本が一方的に踏み越えてしまったと考えているわけです。今回の国有化問題は単に所有権の移転ではありません。1972年の**国交正常化***時に周恩来首相と田中角栄首相との間で島の問題についてやりとりがありました。田中首相がこの島の問題についてどうですかと質すと、周恩来首相がこの問題については触れないでおきましょうということで、田中首相も納得し、この問題を「棚上げ」することで、中日国交正常化がスタートしました。こういう流れがありますので、国交正常化時の約束事が、今回の国有化によって覆されて

＊国交正常化
1972年9月、田中角栄首相が北京を訪問し、周恩来国務院総理と首脳会談を行い、9月29日、日中共同声明を調印し、日本と中華人民共和国が国交を結んだ。これにより、日本はそれまで国交のあった中華民国(台湾)に断行を通告した。

して、新しいステージに入ってしまいました。

表面化したこの領有権問題は民族感情に触れる敏感な問題であり、以前の状態に戻ることは難しいと思います。この問題は後で議論になると思いますが、日本が1945年8月15日に受諾した**ポツダム宣言**＊と密接に関連しています。この宣言第一三条の無条件降伏だけが皆さんの中ではイメージされていると思いますが、第八条でカイロ宣言を履行せよ、なおかつ日本の領土は4つの島、本州、北海道、九州、四国だけで、それ以外は「連合国が決める」と記されています。

前田　先ほど話題にした中国外相発言ですが、1943年のカイロ宣言は、日本国が中国人から盗取した全ての地域を中華民国に返還する、と記されています。当時の認識として示されたものです。今になってこれをもとに日本非難をするとなるといかがなものかという反発もありますが、当時のことはカイロ宣言で決めざるを得ません。

陳　1895年に日本が閣議決定で編入したとしていますが、実はその後長期にわたって何もしなかったのです。1969年になって石垣島が標柱を建て日本領であると示しましたが、実は中国側もそれ以前には特に動いておりません。ということは長きにわたって日本、中国そして米国においても「忘れられた土地」であったと言えます。ですから、田中首相と周首相の話の中でも、周首相は石油がある

＊ポツダム宣言
1945年7月26日、アメリカ、イギリス、中国が大日本帝国に対して発した無条件降伏を求める宣言。日本が受諾したことにより第二次世界大戦が終了した。日本軍国主義の無分別な打算を批判し、無責任な軍国主義の駆逐、日本占領、カイロ宣言の履行、日本の武装解除、日本の民主主義的傾向の復活、日本の経済復興等を掲げた。

かもしれないということがなければ、こういった問題は起きなかったと言っています。

では、なぜ中国がこの問題を知ったのかといいますと、1969年にアメリカで、台湾からの留学生達が魚釣台列島を守れという運動を開始したのですが、その代表5名が1969年10月1日の国慶節に大陸に招かれて、周恩来首相と会見した時に魚釣島の問題を紹介し、その時点で中国側も改めて島の問題を認識し対応に乗り出したと言えます。ですから中国側が1969年前後にこの問題を初めて言い出したのはその通りなのですが、実は日本側も同じで、1969年以前は何も動いていません。ですから「忘れられた土地」がさまざまな問題によって復活したのです。

前田　1979年の読売新聞社説のことはいかがでしょうか。

陳　別に読売新聞社を揶揄するつもりはありませんが、当時の日本のマスコミ、世論は日本と中国の間には尖閣諸島を巡る領有権問題が存在しているが、危機を生じさせないために、日本が何かことを起こす場合には、中国と相談しながら果たすべきだと主張していました。おそらく1996年の橋本内閣の池田外相が国会答弁で日中間に領土問題は存在しないと発言する以前には、領土問題は存在しているということが常識であったと言えると思います。そういった意味で今後の島の問題を巡る両国間の問題を考えた時に参考になるのではないかと思い、添付しました。

前田　1979年読売新聞社説は、なるほどと思う面白い資料です。紙名を出さずに見せたら、いまなら誰も読売新聞とは思わない、そういう社説ですよね。最近の読売新聞の社説とこれを並べたらどういうことになるでしょうか。各紙社説の変遷というのもチェックする必要がありますね。読売だけではなく、各紙の社説がどのような変遷をしてきたのかをチェックしてみる必要があります。次に、岡田さん、お待たせしました。よろしくお願いします。

岡田　陳さんが今、揶揄するわけではないがということで出されたわけですが、実は私の本の中でも読売社説に触れております。2011年9月に酔っぱらい船長が日本の領海に入って、海上保安庁の巡視船に衝突する事件がありました。その時に、「棚上げの事実はない」という主張が出てきました。1カ月後に国会予算委員会で当時、質問者が「日本と中国の間では尖閣問題については棚上げをするという暗黙の了解があったのではないか」と、具体的にいくつかの例を出しました。木村さんが決死隊をつくって尖閣に上陸された1978年8月の**日中平和友好条約***の時の鄧小平・園田直会談の記録等を出して質問をしたわけです。それに対して前原外務大臣（事件当時は国交大臣）が「棚上げを日本側が了解したこと

＊日中平和友好条約　1978年8月12日、北京で日本国と中華人民共和国との間で締結された平和友好条約。1972年の日中共同声明を踏まえて締結された。

はない」と言い出したのです。これが先ほど木村さんが指摘した「実はこれが発端なのだ、一歩踏み出したのだ」という出来事でした。

私もその通りだと思いますが、調べたら読売新聞社説がありました。実体をいろいろと調べていきますと、明文化された文章がある。1972年の国交正常化の時の周恩来・田中角栄会談——これは一部は外務省が公表していますが、公表していない文章もあります。なぜ公表しないのかはわかりませんが、中国側も公表していない部分があります。だから、日本の外務省だけを責めるのはいかがなものかという主張もあるかもしれません。

前田　木村さんは、島が日本の領土であることは間違いないという前提でお話をしました。これに対して、陳さんはいくつかの疑問点があると指摘されました。

岡田　特に1895年の閣議決定では、これは無主地先占と言われますが、誰も支配をしていないということを確認した上で、国際法にのっとって、ここに杭標を建てる。国標とはいっていません。杭標です。そういった決定なのですね。

ところが、陳さんが言ったように、この閣議決定は当時の清朝にも通告がされていなかったし、日本国民にも実は知らされていない機密でした。このような閣議決定が果たして有効なのか。固有の領土と言いますが、固有という言葉を広辞苑で見ますと、もとよりとか、自然にという意味が書いてあります。固有の領土に値するのかどうかいろいろと調べましたが、やはり首を傾けざるを得ない。領土問題となると、その領土が一体どちらの国のものか。我々の議論はそこに収れんしがちです。これが領土問題が持つある種の「魔力」ではないかということで私の本の副題を「領土ナショナリズムの魔力」としました。

❖領土問題の思考枠組みを問う

前田　国家を基準に議論をすると、その国家がなかった時代にもあったかのようなトンデモな意見が続出します。国家の中にはいくつもの意見があったのに、無理やり一つの意見だけだったことにしてしまいます。

岡田　まず考えなくてはいけないこととして、思考枠組みそのものを問うことです。それは領土問題を考える際、「国と国」「政府と政府」という枠組みで考える思考方法です。私が片足を置いている共同通信もそうですし、朝日新聞も読売新聞も全てそうですが、メディアが報じる思考の枠組みは、常に「国対国、政府対政府」です。どちらの主張が正しいのか、領土をとられても良いのか、彼らに好き勝手にさせても良いのか——そういう国家と国家の論理、そういった枠組みの中で、我々の思考は固定されている。新聞を読んだり、テレビを見るたびに、その思考の枠組みに慣らされている。

これに対して尖閣問題を考える上で重要なことは、この島を生活圏にしてきた人たちはいったいいるのかいないのかです。木村さんは1カ月いらしたみたいですが、1972年以降も尖閣の2つの島は米軍の射爆場として使われていました。1978年に契約は更新され、今も生きています。沖縄返還前の尖閣周辺海域の取り締まりは、米軍は極めて緩く、取り締まりをほとんどしていませんでした。台湾の船が12カイリの中に入って魚をとっても米軍は取り締まらない。日本側もそれを黙認してきたのです。

❖尖閣を生活圏としていたのは誰か

岡田　先ほど、陳さんから「忘れられた土地」というお話がありましたが、まさにその通りで我々の視界から消えた島でした。この問題が大きい問題として出てくるのは、国連海洋法による200カイリの**排他的経済水域（EEZ）***の線引きをして、新たな海洋秩序が生まれてからのことです。これ以降、日本、中国、台湾との争いが激しくなり、同時に海上保安庁の漁船の取り締まりも厳しくなった。これは1996年以降のことです。外交問題として非常に大きくなる前は、尖閣

***排他的経済水域（EEZ）** 天然資源と自然エネルギーに対する主権的権利、及び人工島、施設の設置、環境保護、海洋科学調査に関する管轄権が及ぶ水域のことで、国連海洋法条約によると、沿岸国は自国の基線から200海里（約370キロメートル）の範囲にEEZを設定することができる。

諸島を生活圏としてきた人は誰なのかと考えると、主要には台湾の漁民であり、沖縄の漁民でした。

前田　今は、沖縄漁民は尖閣諸島周辺ではほとんど漁をしていないようですが。

岡田　たとえば石垣島にしても、台湾から100数十キロしか離れていない与那国島にしても、尖閣まで行く大きい船を持っている漁民はいませんので、ほとんど漁をしていない状態です。ただし、歴史のスパンをもう少し広くとって400年前くらいを考えてみましょう。400年前はもちろん、今の近代国際法で規定するような国境の概念というものはありませんでした。当時中国は明朝から清朝へ変わる頃でした。この頃、福建省を中心に多くの中国人が台湾に行き、一部は沖縄に行きました。沖縄では「久米36姓」と言いますが、いま那覇市の中心に久米という所があります。その辺りに中国大陸から来た「たくさんの姓」(36姓)を持つ人々が住んでいた、という意味です。ちょうど日本も江戸幕府に変わる頃でした。当時は国境も境界もない自由な生活圏の中で台湾、琉球王国(沖縄)、それから中国の漁民がかなり自由に交流をしていました。

この交流史を考えると、いま尖閣問題が大きくなったのが1972年の沖縄返還以降として、400年のうちのたかが40年にすぎない。国家主権、領土という概念も果たして普遍的概念であり得るのかどうか。政府、国家といったカテゴリーとは別に、生活者というカテゴリーからこの問題を考えてはどうでしょうか。

前田　領土や主権を絶対視するのではなく、相対化することによって、この問題を抱えている周辺国、関係者の環境を改善する道を探ってはどうかということですね。

❖対艦ミサイル・レーダー照射事件とは

岡田　最後に日中関係の現状について少し触れたいと思います。対艦ミサイル・レーダー照射事件ですが、どうも今出ている話はハードなファクツ、本当の事実はどこにあるのかということから離れてしまっている。中国側が一方的にレーダー照射をやった、こわいぞ、このままでいくと盗られるぞという危機感を政府とメディアが一方的に煽っている。私からしますと、疑似緊張を煽って、防衛費の増額とか、あるいは集団的自衛権の行使の容認、まもなく安倍首相が訪米しますが、訪米に向けた地ならし、中国の脅威を利用した軍事力強化の環境整備の狙いがありやしないかと感じております。

一方、中国側の意図ですが、（もしやったとすれば）日本側のレーダー監視能力のテストという意味があったかもしれない。でもこれは中国は否定しています。

それから、これまでの国家海洋局の公船による領海接近から、今度は空域での航空機接近にエスカレートしてきた。スタートした安倍政権の対応を見つつ、心理戦の意味もあるのかなという気がします。ただし、２０１３年1月、山口那津男公明党代表が北京に行って習近平国家副主席（当時）と会談しました。いくつか合意事項がありましたが、第一次安倍内閣ができた時に安倍首相が電撃的に訪中をして、靖国参拝問題で凍りついた日中関係を溶かすという離れ業をした。習・山口会談では、安倍首相が使った「戦略的互恵関係」の下で日中関係を改善しようということで合意しています。安倍政権ができた直後、中国側は安倍政権をどう見ているのか、東京にいる外交筋に聞きました。

私はこれまで、尖閣問題についての中国側の主張、あるいは日本に対する要求は3点あると考えていました。第1に国有化は撤回しろ。第2に領土問題が存在することを認めろ。第3に尖閣諸島は共同管理しよう。この3点が中国側の主張ではないのかと外交筋にぶつけたところ、しばらく考えた後にこういう答が戻ってきた。「いや、そうではない。安倍政権に対する中国側の対応は2つだ。主権は中国にある」。これは当たり前ですね。「2つめに日中関係の大局を重視する」。この2点を挙げていました。山口・習近平会談が終わった後も、中国側の巡視船は領海ないし接続水域への接近をやめていません。

これに対して日本側は、習近平は話し合いの解決を主張しているのに、どうしてまだ領海侵犯するのかと疑っていますが、これは全くの誤解です。中国側の基本的な姿勢は変わっていない。主権は中国にあるという第1原則を主張する以上、空、海から接近する活動はやめない。中国も実効支配しているという実績を作りたいからです。2番目、日中関係の大局は重視するわけですから、対話によってハイレベルの会談を実現しましょうという立場です。実は1番と2番は彼らの頭では矛盾しないということを、我々が知っておく必要があると思います。

前田　お二人の発言を聞いた上で木村さんからリプライをお願いします。

木村　最後に岡田さんがお話された、主権は中国にあると中国側から認識されているとなると、どうやって日本側からアプローチして議論していけば良いのか大変だなと思います。「主権は中国にあるけれど、日中関係の大局を見れば、貸してあげて、日本に施政権がある」という趣旨ですよね。主権が中国にあると日本側が認めることができるか。これは難しい。認められないのではないかと思います。領土問題で言いますと、固有の領土というのは果たしてどうなのかと思いますが、これは前にも前田さんから指摘を受けたことがあるのですが、北方領土に対しても「我が国固有の領土である」ということを日本は主張しています。竹島においても固有の領土であると言っているわけです。しかし、固有の領土というのは、国際法上の論拠としては承認されていないので、固有の領土であるという論拠はいささか弱いということは、私も勉強させて頂いているところです。

また、尖閣諸島という日本名はまだまだ１００年程度のものである。その名称は中国で釣魚島と言われてきたもので、日本名は後からつけたものであるというご指摘もうけました。しかし、実際の管理と言いますか、１８９５年の閣議決定は公にされなかった中途半端なものだと言われますが、それ以後の維持、管理、実効支配をしたのは日本側だけであったと言えます。中国や台湾は、岡田さんがご指摘したように、生活圏として漁民の方々がそこを漁場として生活圏を確保、利用をしていたようですが、国としての単位で言えば、閣議決定における通達の周知がなければ、帝国主義的なプロセスであると思われてしまいますか。

また国際法から見ると、有効性があると言えるのかとのご指摘もあるわけですが、実際、古賀辰四郎氏が行き、戦前には２００数十名の日本の方々がそこで実際に住んで鰹節工場を建てて、鰹節をつくっていた事実があります。実際に住んで、そこで維持、管理を行ったのは、古賀さん、石垣島や与那国島の方々でした。このことを考えると、仮に固有の領土とは言えないにしても、すでに一時期でも管理していたので実効支配を認めることができます。歴史の中ですでに有していた、実効支配があったことをどう評価するのか。

また、名称に関しても、中国史においても、いろいろな都市や地域の名称が変遷しています。満州なんかも清国の後、名称が変わったことがあったのです。新しい名称ということになると、尖閣諸島の由来はイギリス人の命名ということですが、そんなに名称にはこだわらなくて良いのではないでしょうか。実はウラジオストック等も名称が変更されているのです。中国とロシアの間でも、中国と朝鮮の間でも、名称は様々です。中国では中国の名前があるし、それぞれどんどん変えられてきた歴史があることも認識しておきたいです。

❖漁業協定の見直しを

木村　最後に、国家としての角逐《かくちく》がどうしても出てしまう。それが果たしてどうなのかというと、もちろんそういったことは理解できます。国家が出ると互いに引き下がることができなくなりますが、国家の中でもそれこそ漁業協定について知恵を出すことが、これはこれからしていかねばならないことですが、最大限努力をするべきだと思います。特に**日中漁業協定***は、新しいものもつくられていますが、中国の経済的発展から見ると、外に出て来る船の船籍数が1970年と比べて状況が変わっています。ですから、今現実に船籍数が増えて公海に出てくる状

***日中漁業協定**　日本と中華人民共和国の間で締結された漁業協定。相手国の漁船が自国の排他的経済水域に相互入会して操業することを認めるが、相手国当局発行の許可証が必要であり、相手国が定める漁獲量や操業条件に従わなければならない。

況を考えながら、新たに漁業権、または漁民の生活の場としての暫定水域、27度水域、さらに難しい台湾のところの領海の部分ですが、早急にこの漁業協定の見直しを国家が本当に知恵を出していかなくてはならない。

中国側が自分たちに主権があると主張しても、実効支配をしているのは日本だし、日本がそれを維持、管理しています。残る問題は、ここを漁業協定の再々見直しを、国家が早急に知恵を出さないと、すでに軍事的触発ということが言われています。中国人民解放軍の中でも一発やらなくてはならないなどとささやかれているという話も耳にします。実際、国有化したことを覆すのは難しいです。

以前に国交省の外郭団体のNGOあたりが、国から所有権を移して管理するという方向を検討したこともあるようですが、今となってはなかなか難しい状況です。ですから、馬英九氏の東アジア平和イニシアチブとともに、漁民の生活を考えて漁業協定について新たな知恵を出すことが第一義的解決になっていくと思います。

前田　漁民の生活圏ということでは、尖閣諸島高良学術調査団資料集があります。沖縄の人々の生活圏であったという根拠になる文献です。おそらく台湾についても調査をすれば、やはり同じようなものが出てきて、長期にわたって台湾の漁民がここで操業してきたことがはっきりするでしょう。

日本名がなく、なんと英語から翻訳した名前であるということが出ました。日本の固有の領土などと言いながら、なぜ英語の地名なのかという話ですが、実は沖縄（琉球）の地名はあります。沖縄の人々は長年にわたって尖閣諸島をイーブンクバ島とか、ユブンクバ島といった呼び方をしてきたわけで、やはり生活圏だから自分たちの呼び名があったわけです。ほとんどの日本人には遠い、見たことも聞いたこともない島ですので、日本名がない。名前がないのは自分たちとは関係がない場所だからです。

実は私の個人的意見としては、尖閣諸島は琉球民族のものであると思っています。だったら今は日本領ということになりますが、私は琉球が日本であるということがそもそも間違っているという認識を持っています。その話になるとまた全然違う議論になって論点が変わってしまうので、今日は取り上げませんけれども、かなりいろいろな見方ができる場所であるということです。資料に地図も載せてありますが、琉球海溝を挟んで、琉球列島と尖閣諸島というのは地理的地形的に無関係であることがわかります。

琉球海溝は2000メートル級の深さがあります。中国から見れば、尖閣は大陸棚の先にある。「尖閣諸島は中国の大陸棚にある」というのも根拠がないわけではありません。そういう本当に難しい場所にあるということが、見れば見るほどわかります。なおかつ琉球海溝を潮の流れが通っています。ですから、中国本土から行くのも大変ですが、那覇から尖閣諸島へ行くのもかなりの航海技術がないと行けなくて、古い時代には容易には行けなかったようです。そういう微妙な場所にあって、なかなか難しい。それをめぐって今、白か黒か決着をつけなくてはいけないということになっているわけです。

❖尖閣贈与論をめぐって

前田　かつての侵略戦争の贖罪の気持ちで尖閣諸島を中国に引き渡せば、中国人の感情も大きく変わるのではないか。日本が戦後賠償をしなかったので、正式の賠償に代わる措置と考えてはどうか、という意見があります。あるいは、共同管理論も唱えられています。清の時代、５００年の琉球王国時代には貿易とか進貢の過程でお互いの船が島を目印にして利用した海域だったわけです。

木村　歴史上の加害者の立場として、植民地支配や戦争の贖罪の気持ちを込めて、尖閣諸島を中国に贈与するという意見ですね。私は反対です。加害の歴史認識問題について議論はしていくべきですが、もし仮に尖閣諸島をあげますということで、それでチャラにしろというのは、おかしいと思います。要は日本が加害者として植民地支配、また侵略をしたことをきちんと自己総括することができるのかが問題です。尖閣諸島をあげれば済むということではないと思います。

前田　歴史認識問題と領土問題は切り離して、それぞれきちんと議論するべきということですね。

木村　この問題はどうしても歴史認識問題と絡んでしまうのですが、前回の竹島の議論の時も私はお話させて頂きましたが、明治の日本は西洋列強に対抗していくために努力せざるを得なかった。特に当時は日露戦争で韓国を併合し、支配権を確立しますけれども、当時の日本から見れば清国は大国でした。あの鎮遠、足遠というのがありますよね。北洋艦隊なんかといったらもう、長崎に上陸して大変なめにあったという事実もあるわけです。しかも日本側は中国に対する恐れという認識があったから、刺激を避け、閣議決定で様子見みたいになってしまったかもしれない。

世界史的な大きなレベルで見れば、歴史の一事実として、日本もやられてしまう可能性があったのだということ、「坂の上の雲」を登っていったのだということも見ていきたいということなのです。でも、犠牲になられた人もいるじゃないか、それこそ贖罪を我々がしていないではないかと言われてしまうわけですが、その辺をどう考えるかきちんと認識を示しておくべきでしょう。

❖共同管理論の可能性

前田　共同管理論は、北方領土や竹島についても、唱えられてきました。

陳　共同管理は、中国側にとって、おそらく問題なくスムーズに受け入れられると思います。中国政府による世論の説得は可能です。ネット上で反発があったとしても、大した力にはならないでしょう。共同管理が可能ならば、それでうまく片付くと思います。問題は日本です。実効支配しているものを共同管理にする、持っているものを「譲る」ということが果たして可能なのか。世論がそれを認めるか否か、かなり問題になると思います。ですから、共同管理実現の鍵は中国側ではなく日本側にあると思います。

岡田　共同管理論や油田の共同開発が言われるようになったのは、１９６８年、国連開発計画（ＥＣＡＦＥ）の尖閣周辺探査が発端です。ＥＣＡＦＥは韓国、台湾、日本の研究者を乗せて調査するのですが、海底に**サウジアラビアに匹敵する油田***が眠っている可能性があると発表して以来、日本側も注目しました。最初に注目したのは台湾です。当時、日本が国家承認をしていたのは台湾(中華民国)でした。もし尖閣問題で外交交渉をするとすれば、当時の日本にとって相手は台北であって北京ではないわけです。共同開発を最初に主張したのは台湾です。１９９０年

***サウジアラビアに匹敵する油田**
現在の技術で経済的に採取できる石油埋蔵量を確認埋蔵量と言うが、２００３年の全世界の確認埋蔵量は１９００億kℓとされる。国別では、サウジアラビアが約２６６７億バレル（約20％）、カナダが約１７８１億バレル（約13％）、イランが約１３６２億バレル（約10％）である。

代に入ると尖閣から北方に140~150キロ離れた日中中間線のところで中国側が海底油田の探査を開始しましたが、尖閣周辺はほとんど手つかずのままになっています。

問題は、1968年のECAFE以降、この海域できちんと調査をしたことがない。独自の調査をしたことはありま せん。1970年当時、台湾はアメリカのガルフ石油に海底探査を与える契約をした。台湾は先行してやろうとした。当時、台湾とアメリカは国交があり、同盟関係にありましたので、これを問題化することが得策かどうかわからなかった。当時はちょうど日米間で沖縄返還交渉が始まる頃でした。台湾は当初、尖閣（施政権）の日本返還に強く反対しましたが、最終的には、米国が領有権と施政権を分けたこと、大正島、久場島の2島を米軍の射爆場として引き続き使用することで、尖閣を台米軍事協力の拠点として維持するということで、台湾側が妥協した経緯がありました。他方、日本側には、きちんと探査をしようとする人はいなかった。

その後2008年、日中中間線の北の海域で日本と中国の間で、海底ガス田を共同開発しようという合意がなされる。合意の時に開発権の応札したのが帝国石油という日本の会社ですが、応札しただけで、帝国石油会社が自前で開発する意思はまったくないと言われています。海底油田の探査には莫大な費用がかかる上、砂の中からダイヤモンドを見つけるように難しい。そんなことは恐らくやらない。多分コストパフォーマンスに見合わないだろうと思います。

❖カイロ宣言の射程

前田　カイロ宣言（1943年12月1日）は2013年で70年ですけれど、本来カイロ宣言を持ち出せば「固有の領土」どころではなく、問題は終わってしまうというか、日本がいくら固有の領土と言おうと、いやこれはカイロ宣言が適用されると言われればそれまでという意見があります。

木村　カイロ宣言は、日本政府が署名や批准をしたわけではありません。また、尖閣諸島は明記されていません。文書に書かれていないのに、あたかもそこに含まれていたかのごとく主張するのは納得できません。

岡田　カイロ宣言はルーズベルト、チャーチル、蒋介石の三者会談を受けた宣言です。中国に関する箇所は「満州、台湾及び澎湖島のような日本国が中国人から盗取したすべての地域を中華民国に返還すること」です。まさしくこの通りなのですが、この中には明示的に尖閣という名称は入っていません。日本政府はこの中に尖閣とうたっていないのだから、カイロ宣言では尖閣は想定されていないという立場です。ところが中国、台湾側の見解は、尖閣諸島は台湾に付属する島嶼だから、この中に当然含まれるという主張です。そこに争点があるわけですが、当時、蒋介石の頭の中に尖閣諸島があったのかと冷静に考えてみると、尖閣という認識はなかったと考えます。中国の土地が日本に侵略されている最中のことです。

蒋介石は、沖縄（琉球）についてはルーズベルトから「どうするのか」持ちかけられ認識していましたが、あのちっぽけな島については認識していなかったと思います。日本側の主張が正しいのか、あるいは中国、台湾の主張が正しいのか、もっと詳しい歴史共同研究が必要です。

❖石原都知事の評価をめぐって

前田　木村さんから、岡田さんは石原都知事（当時）に対して厳しすぎるのではないかという指摘がありました。

岡田　2012年4月に石原さんがヘリテージ財団で問題を提起した理由は多分2つあったと見ています。1つは、領土という日本人の抗がえない、あるいは中国人の抗がえない、そういう魔力を持ったテーマを提起することによって、日中間の対立と緊張を煽る。中国側の過剰な反応を誘い出して日中対立を主要な争点にする。第2番目に、国内的にはそういった日中対立を争点にすることによって、橋下徹大阪市長が脚光を浴びたために目立たなくなった自分の存在をアピールし、なおかつ新党をつくる目論見があったと思います。おそらくそういった目的があって、領土問題が持つ特有の魔力を利用したのだと思います。

木村　石原さんが新党、維新をつくるために利用したのではないか、さらには日中間の対立を煽って、国家主権を動かしたということについては、半分は当たっているかもしれません。否定する根拠を持っていません。ところが、石原さんは尖閣問題を、今言わなくてはいけないのだと言っていたわけですが、彼の思考というのは、このままでは日本が国家の問題について、それこそ意識のない人々がどんどん増えてしまって危ないという危機意識があるのです。上から目線と言われるかもしれませんが、要するにどうすれば自分の問題として目覚めてもらえるのか、国の問題としてどうすれば目覚めてもらえるのかと喚起する、啓蒙する1つの事柄として問題提起したのです。

特に「シナ」という言葉を使って批判されてもいますが、一方においては、日中の油田開発は共同開発でいいということも一昨年くらいに『プレジデント』の取材に対して言っているので、石原さんも柔軟なところもあるのです。一方においては激しいこと、マッチョ的なことを言っているけど、一方ではいや、経済問題では共同開発でも良いのではないかと言うわけです。そういう流れの中で、このままでは国が滅びてしまう、それこそ国の大局を保たなければいけないという視点が日中問題につながった。結果的にその問題が大きな対立を生んでしまったわけですが、今、日本には必要なことでしょう。それをどうするのか。

❖領土問題とメディアの役割

岡田　もう1つ、思考停止にかかわることについて、メディアの役割がきわめて重要です。自身がメディアの側にいながら、こういうことを言っていいのかと思われるかもしれませんが、1つ例を挙げさせてください。

2010年9月の漁船衝突事件の直後から、日本の主なメディアは尖閣諸島という言葉の前に必ず「沖縄県の」という言葉を入れるようになりました。これは尖閣諸島が日本領であるというイメージを読者にすりこむ効果を与えていくわけです。それ以前は違いました。それまで日本の新聞はどういうふうに書いてきたのか。まず「尖閣諸島」と書いて、そのあとに（中国名、釣魚島）と書いたわけです。また台湾で出稿する場合は（台湾名、釣魚台）でした。そうすることによって領土問題が、単に日本政府が主張する固有の領土であるという認識を押し付けるのではなく、客観的には向こう側も領有権を主張しているのだと、ある種の相対的な観念を持たせていました。

たとえば竹島についても、２０１２年、李明博大統領が竹島に上陸した後、日本の新聞は「島根県の」という形容詞をつけるようになった。私は駆け出しの頃、通信社原稿はできるだけ短く書くようにと言われました。記事は短ければ短いほどいい。そのほうが新聞社は使いやすいのですね。情報がたくさん入りますから。ところが「島根県の」や「沖縄県の」という言葉をつけると、それだけで長くなってしまう。長くなるのに、あえてつけている。これもメディアが加担する領土ナショナリズムの魔力の一例という気がしました。

木村　メディアの話になりました。たとえば、南京の問題ですけれど、中国に『南方週末』というメディアがあって、これは月刊誌で結構人気のある媒体らしいのですが、４年くらい前にこの記者から取材をうけたことがあります。南京の話をいろいろとしましたら、南京で30万人が日本軍に殺されたという話について、本当に30万人という数があるのですかと質問したら、その記者は「30万といったら多分ないと思います。今、学生を中心に人数を調べています」と言っていました。柔らかいというか、きちんと物事を調べていこうという姿勢が感じられて、随分変わったなという印象を持ちました。『南方週末』のような対応でしたら、きちんとお話ができると思いました。

というのは、マスメディアは言葉の使い方、操作によって、いかようにも国民の意識を奮い立たせたり、誘導したりします。もちろんメディアリテラシーということも言われていますが、チェックをするための材料を我々は必ずしも持っていないですよ。どうしても二次情報、三次情報になってしまって、一次情報を確認できないことが多いです。マスメディア間のチェックを徹底してもらえば、一番の検証になるのですけれども、どうも大手マスメディアは、お互いの経済効果で言えば、争いをしない既得権益をもっていますから、そこがなかなかうまくいかない。リテラシー状況というのは国民に伝わってこない。そして、とにかく勇ましいほうが国民を思考停止させるのに都合がいい。

いまの日本にはいろいろな問題、たとえば格差問題等がありますけれど、自分の身にふりかかっている重要な格差の問題を見ないで、大きな問題、大局的な問題で中国や韓国を批判することで問題をそらしてしまうほうがやりやすい。今言われているネット右翼現象等は、そういった大局的な問題に対してワッといって、自分の問題を見ないで、自分の承認欲求の証明を示しているように感じる。このツールは無闇に勇ましくなるんです。

前田　ネット上でもマスメディアでも、中国や韓国への批判が、論理的な批判ではなく、感情的な罵詈雑言になっています。「我々はこんなに誹謗中傷が上手だ」と自慢したいのかと思うような異常さで、盛り上がっています。

陳　私が恐れるのは世論というものです。極端から極端に流れていく世論です。しかもその矛先は弱者へ向かいがちです。実は私たちはある面で日本においては、弱者なのです。中日間に何か大きなトラブルが生じれば、ある種の緊張感を強いられる環境にあると言えます。もちろん北京に居る日本人も同じような状況にあると思います。屈曲したナショナリズムが肥大化していくことは非常に危ういと思います。

中国では、マスメディアの報道はともかく、昼刊、夕刊、晩刊等のミニコミ紙の種類は極めて多く、売らんがための記事作り、各紙とも競うように過激な報道を展開する。さらにはネットで玉石混合のニュースが飛び交う。いつしか歪なナショナリズムが形成され、日本的に言えば、空気、雰囲気というものが形成され、煽られた諸個人が過激な行動に出やすい環境が出来上がってしまいます。ですから、中国、日本を問わず、インターネットの時代では、いいかげんなニュースがどんどん出回り、しかも増幅しがちですので、かなり危険な時代に入ったと思わざるを得ません。

私は双方の外交当局が粛々と50年かかろうが、１００年かかろうが交渉を行うべきであり、民間人がしゃしゃり出るべきではないと考えております。民間人は外交当局の手足を縛るべきではないと思います。必要に応じて国会で冷静な議論が展開されるでしょう。我々民間人としてはせいぜい中国側の主張や日本側の主張を正確に理解し、求められれば客観的に伝えることで充分と思いますし、日比谷焼き討ち事件の愚は避けるべきであると思います。

❖国際司法裁判所への提訴

前田　ハーグ（オランダ）の**国際司法裁判所（ICJ）***に提訴するという話も出ています。もともと、竹島をめぐって日本側がICJを持ち出し、韓国側がこれを拒否してきたと言われてきました。ところが最近は、尖閣諸島についてもICJという声が出ています。ハーグには、個人の戦争犯罪を裁く**国際刑事裁判所（ICC）***もあるので、誤解して発言している人が多いのですが、国家間の紛争を裁くのはICJです。

岡田　日本側はもともとICJとは言っていませんでした。しかし2012年の末ごろから、中国に提訴させて、ICJで決着させてはどうかと外務省が言い始めます。中国側が受け入れないのを承知の上の話ですから、これはある意味では「情

***国際司法裁判所（ICJ）**　ハーグ（オランダ）に本部を置く国連の主要な常設裁判所で、主に国家間の法律的紛争の解決を図る。常設仲裁裁判所や国際刑事裁判所とは異なる。

***国際刑事裁判所（ICC）**　1998年にローマ（イタリア）で開催された国連全権外交官会議で採択された国際刑事裁判所規定に基づいて、2003年3月、ハーグ（オランダ）に設置された刑事裁判所。集団殺害罪（ジェノサイド）、人道に対する犯罪、戦争犯罪及び侵略犯罪について個人の刑事責任を判断する。ニュルンベルク裁判所や東京

報戦」の域を出ない話です。領土問題を解決する道はたくさんない。1つは戦争。力づくで、奪ってしまう。2番目、差し上げる。3番目は棚上げです。

ICJで争うのも一つの選択肢とはいえ、日本政府は、領土問題は存在しないという立場ですから、自らその建前を破ってしまうことになります。ICJに提起するということは領土問題があると認めることになってしまいます。だから、それはしない。中国側が提訴してもおかしくはないのですが、中国側から積極的に提訴する動きはありません。ですからICJでの解決の可能性は高くない。

木村　双方が合意してICJに行くのであれば、それは合理的な方法です。私もICJは一つの解決方法だと思います。ただ、今はお互いに疑心暗鬼になっていて、合意形成ができない。

前田　野田佳彦首相（当時）は、わざわざ記者会見を開いて「ICJは領土問題を解決する王道である」と見得を切ったわけです。外務官僚から聞きかじった泥舟の入れ知恵を公然としゃべってしまいました。まったく意味不明の発言で、これも野田首相の大恥の一つとなりました。

❖軍事問題から見た領土

裁判所（極東裁判所）と違って普遍的管轄権を有する。

前田　尖閣問題は領土問題というだけではなく、軍事問題としての側面も強いです。中国軍の強化が大宣伝され、自衛隊の強化、日米協力、そして日本の集団的自衛権論に繋がっています。他方で、韓国の済州島のカンジョンという地域で韓国海軍基地がつくられようとしています。米軍との共同や、対中国という動きも見られます。中国と韓国の間にも領土論争がある上、アメリカを中心に米韓日の軍事同盟の思惑もあります。

陳　海軍を含めた島の軍事的価値ですが、経済的には200カイリ時代では排他的経済水域としての意味を持つかもしれませんが、中日間の大局から見れば本質的にはどうでもよい島だったはずです。太平洋への入口がどうこう言いますけど、基本的には軍事的価値をあまり考える必要はないと思います。中国は公海を航行し、いつでも太平洋に出ることが出来ますので。

前田　米中対立が激化すれば別ですが、日本と中国、韓国と中国の間の議論としては、軍事的価値は大きいとは言えないということですね。

この問題を考える上で、大事なこと、きちんと見なくてはいけないのは、やはりアメリカの存在です。アメリカが日本と中国の対立を利用しようとしているという見方もあります。日本でナショナリズムが非常に高揚している。それも対中国にしか向かわない。これを利用して、アメリカにもっと協力させる、集団的自衛権の行使を表明させ、実現させる。そして日本の軍備を拡大させる。

木村　軍事的な問題で言えば、与那国島の防空識別圏が日本に返還されましたが、3分の1は日本で、3分の2は台湾防空圏です。まさにこれは戦後のアメリカの東アジア支配における、空の支配だったのです。日本だけではなく、東アジア全体をにらんでいました。与那国島の上を台湾が識別圏で領空を支配していたのです。それがやっと日本に返ってきました。

どういう意味を有するかというと、まさに日米一体としてオスプレイを普天間基地に配置したように、集団的自衛権の行使のほうにつながってくるのです。ですから日米の軍事一体化というのは、私は反対なのです。オスプレイを沖縄に配備したのも反対です。そういうことをすればするほど、中国側も警戒しなくてはならなくなるし、尖閣の防衛的、軍事的意味合いを押し上げていくことになってしまうのです。ということは漁民の生活がなくなって、あそこは軍事の論理に覆われてしまうということです。私の立場としては、沖縄から米軍がいなくなってほしいという立場です。自主独立の立場で言えば、そういうことなのです。

陳　インターネットのない時代には外交交渉の機密が維持されて交渉はスムーズに行われましたが、そういう時代が過ぎてしまったのです。世界のどこかで起こったことが瞬時に地球規模で流れていきます。このような構造の中で今は秘密裏に交渉を進めることが難しくなっています。それ故、中日間の関係正常化にはもう少し時間がかかると思います。本来はトップ会談を行うべきなのでしょうけれども、トップ会談に至る過程で各担当部門がすり合せを行い、そして双方にとって会談の成果の目途がつきそうでなければ、トップ会談の実現は難しいでしょう。

ウラジオストック会談では、胡錦濤さんと野田さんの立ち話がありました。結果的におかしなことになってしまいましたよね。トップ会談は単なるお茶飲み話ではなくて、国家を背負っての会談ですから、常に政治的リスクがあるわけです。それだけにある程度の目途がつかなければ、なかなか進まないと思います。現状では何が何でも首脳会談を実現すべきであるという雰囲気があるのかといえば、恐らくありません。

昔の読売新聞社説のような領土問題は存在するとの世論形成は難しいと思います。日本政府が領土問題は存在しないと主張する限り、外交交渉の道も閉ざされています。したがって、島の領有権を主張している中国は、自らの主権を行使することになります。中国の公船も飛行機もどんどん出てくると思います。外交交渉が実現、すなわち日本が領土問題は存在すると認めるまでは、中国の主権行使は拡大の一途をたどるでしょう。しかし、いったん外交交渉が始まれば、交渉自体は100年かかろうと構わないという認識ではないでしょうか。話し合いの糸口である、お互いの信頼関係さえない状態ですので、先ずは信頼醸成から再スタートしなくてはならず、早期解決はきわめて困難であると思います。

❖近代国家の領土

前田　近代国家の3要素は領土、国民、主権とされています。尖閣にはどこの国民も居住していませんが、領土であるとなれば、ある一国の主権が排他的に存在することにならざるをえません。

陳　今の国家という概念はナポレオンの時代からです。それ以前は国家といっても曖昧なもので、領地とか領域とか漠然としたものでした。近代国家になってから、領土の確定とか国民の確定とかある面で緻密さが要求されてきて、その結果、現在の状態に至ったわけです。でも、土地は、人類共通の財産であると考えてみたら、そんなにカリカリしなくてすむのではないだろうかと思います。もっと言えば、そこに住むヤギも含めて生態系ととらえれば、さらに穏やかな気持ちになれると思います。前提条件として地球人類全体の財産であると発想すれば、そう対立することもないでしょう。近代国家の概念はおそらくあと数十年から百年が節目を迎えると思います。

昨年、来日した観光客のトップは韓国人で、2位は台湾人です。逆に台湾を訪れる観光客のトップは中国大陸からの来訪者で、日本人は2位の位置を占めます。ですから純粋な外国人来訪者のトップは日本人なのです。日本と台湾は国交がないのですが、国交がない国の人同士の往来が相互に1位と2位を占めています。40年前の常識ではとても考えられないことが生じています。1971年、国連から台湾が追われて、中華人民共和国が復帰した時に、台湾はこれでおしまいだと思われたのですが、そうはなりませんでした。時代の趨勢と共に近代国家の概念が変化し、結局、人の移動、お金や物の流れを見れば、国家の垣根がどんどん低くなっています。さらに国家のあり方が曖昧になって行き、争いを抑えるようにしていけば、将来的にみんなが領土を地球人類共通の財産であると思えるようになれば、領土問題はそれほどトラブルなく解決できるのではないかと思います。

前田　国家の対立とは別に、人類の共通財産として考えればということです。前回の竹島問題の時にも「国益ではなく人類益で考えるべきだ」という発言がありました。もちろん国家はあるけれど、その国家の論理だけではないという発想に立てるか、そのあたりがつながってくると思います。

❖核心的利益をめぐって

木村　2013年になって、安倍首相が「尖閣諸島に公務員を常駐させるかどうかも選択の1つだ」と言ったわけですが、私は公務員常駐は、今は反対です。中国側は主権があると主張して、ずっと船を出していますけれども、この船を出すことを少し抑えるのをどうすればできるのかを考えてみたい。日本側が公務員常駐等をしないと同時に、岡田さんの本にも書いてありましたが、核心的利益ということを中国は今、しきりに言い始めているのです。第1列島線、第2列島線と軍事規定をとると言ってきて、核心的利益であると。南シナ海のフィリピンとマレーシアの島の論争の西沙諸島の領土についても核心的利益があると言って、今度は尖閣も核心的利益があるということも言っているのですね。

岡田　それは言っていません。否定しました。

木村　温家宝首相の言葉で、中国と肩を並べたいという思いはないかというところです。岡田さんの『尖閣諸島問題』（164ページ）で、中国側が核心的利益と言っているということですが。

岡田　中国高官が、南シナ海を核心的利益と言ったという話が、米中戦略対話の場ででたという報道が2010年にありました。ところがその後、自分で否定することになります。中国政府当局者自身が南シナ海を核心的利益と言ったことはありません。

また、最近は核心的利益という言葉を使わないようにしています。これは誤解を招くからです。領土と主権に関わるものを一般的に核心的利益と言うこともあるけれども、言葉が独り歩きしてしまった。核心的利益というと、何があっても武力を使っても、それを守るという意味にとらえられてしまう。だから、チベットや新疆《しんきょう》は実効支配していて内政問題だから、核心的利益に相当する。台湾の場合、台湾独立と言わなければ、台湾独立を実際行動にうつさなければ、現状維持ならいいというのが今の中国の立場です。そのあたりは核心的利益という言葉が独り歩きをしてしまっています。尖閣諸島についても核心的利益と受けとれるような言い方をするのですね。これはいわば心理戦であって、「そう受けとるのならそれでも良いよ」という若干いやらしい使い方なのです。軍関係の研究者たちが核心的利益と言うことはありますが、中国政府当局者が「尖閣諸島が我が国の核心的利益である」と言ったことはありません。

木村　だから、核心的利益ということを、中国側も言わない、使わないことを徹底すべきです。

岡田　もし核心的利益と言えば、協議の対象にならない。ところが尖閣諸島は協議の対象ですから、核心的利益ではないという説明が論理的にはつくのですね。

木村　なるほど、領土問題は存在していると、思っているのですね。

前田　核心的利益という言葉の定義と、その言葉を使った場合の影響についての理解がないと、誤報になるということですね。

陳　それはむしろ米中関係の中で出てきたのです。

木村　チベットや新疆の問題もありますけれども、それは別の問題なので今日は深入りしませんが、中国も民族問題はこれからますます発展していくと思います。そこに矛盾も出て来るでしょう。それと、陳さんがおっしゃった数十年もすれば、国の形態が変わって、ボーダレスになって経済問題や人間の移動がスムーズになっていくということなのですが、私もそういう流れはあるとは思います。ただ、ボーダレス社会というのは冷戦が終結した時から言われていましたが、なかなかそうならない。というのは世界のいろいろな地域、特にパレスチナなんかは悲惨な状況にあって、自分たちの国家をつくりたいという国家承認願望や独立の意思がある。チベットでもウイグルでもそういった問題があるわけです。

経済的に発展したEU等、先進国においてはたしかにボーダレスの可能性はありますが、やはり依然として国家の壁はなかなか越えられない。経済的に豊かで能力や技術を持った人は日本人でもアメリカに移住したりできますが、依然として国家というのは実は国民を把握して、守ったり、保護をしたり、義務を強いることがあります。国民の最終的なよりどころとしての機能がそこには存在していると思います。そして、国家の存立には国民がいないと成立しないわけです。また、主権が存在していて、領土があってという、お決まりになってしまうのですね。国民の義務として税金も徴収されますから当然なのですけど、一方で国家が国民を保護するということもなかなかボーダレスではできない。越えられない壁です。パスポートでも認識されていますが、国家がその国の人を保護するという条件に基づいて、国民の自由意思で海外渡航ができる。最終的には国家には国民に権利と義務を強いる両義性があります。

遠い将来はどうなるか私にはわかりませんが、まだまだ国家は無くならない。逆に国家を欲しているパレスチナなどの地域があるというのは、経済的にはそれこそ発展していないですが、人々を防衛する意味での国家の大義がそこに存在しているのではないかと思います。

❖平和の海をつくるために

前田　最後にそれぞれ一言で締めてもらいます。陳さんからお願いします。

陳　3分で2つのことをお話しします。日米安保の問題ですが「尖閣は日米安保条約第五条の適用範囲である」と報道されています。**安保条約第五条***ですが、一段落目は適用の範囲は領土でなく、施政権を有する地域と規定しています。したがって施政権のない北方領土や竹島（＝独島）は 第五条の対象外となります。また、2段落目は、戦争発動には、自国の憲法上の規定及び手続きにしたがって、という条件が書かれております。憲法上の制約とは何かと言えば、日本の場合は第九条というものがありますけれども、実はアメリカ憲法では、最終的に戦争に対する権限というものは大統領ではなく議会にあります。米国にとって場所も定かではない係争地域である、しかも無人島のために、アメリカの議会が日本のために米兵の犠牲を強いる戦争を決議するとは思えません。第五条に関して、日本のマスコミの紙面には2段落目の解説は記されませんね。知らないふりをしているのでしょう。第五条に関して、アメリカでは戦争は議会で決めること、逆に言えば、議会が賛成しないと戦争はできないということを頭に入れておくべきです。

それと国交正常化時の中国による賠償金放棄問題ですが、日清戦争の時に中国側が日本側に払った賠償金はだいたい当時の日本の国家予算の3年分と言われています。清朝は賠償金をだいたい5年割賦で支払ったのですが、1972年当時の日本は高度成長を実感できるまでには至っておらず、当時、経済学の講義では、

＊安保条約第五条
「各締約国は、日本国の施政の下にある領域における、いずれか一方に対する武力攻撃が、自国の平和及び安全を危うくするものであることを認め、自国の憲法上の規定及び手続に従って共通の危険に対処するように行動することを宣言する。
前記の武力攻撃及びその結果として執ったすべての措置は、国際連合憲章第五十一条の規定に従って直ちに国際連合安全保障理事会に報告しなければならない。その措置は、安全保障理事会が国際の平和及び安全を回復し及び維持するために必要な措置を執ったときは、終止しなければならない。」

国際収支の天井という言い方をしていました。つまり、国際収支が赤字に陥れば金利を上げて輸出ドライブをかけ、逆に国際収支が黒字になれば金利を下げ、金融政策と国際収支とを連動させていました。当時の日本は基本的には国際収支の赤字国家でしたから、日清戦争と同様に国家予算3年分を中国に賠償するというのは不可能と言えます。最終的に中国政府は「日本人民も中国人民同様に日本軍国主義者の被害者であり、これ以上日本人民にダメージを与えることは避けるべきであり、賠償は放棄する」と決断しました。

ところが当時、外相であった大平さんが後に総理になります。そして1978年頃だと思いますが、大平首相は対中国円借款をはじめたのですね。かなり膨大な金額です。おそらく中国側が賠償を放棄したことに対して、当時交渉主体の外相として実情を知るだけに申し訳ないという気持ちがあったのかもしれません。膨大な円借款で中国に協力しました。ですから、日本の皆さまが賠償問題に関してはあまり深刻に考える必要はないと思います。

岡田　「平和の海」ということですが、誰も近づけない漁民も行けない島はゼロ以下の価値しかありません。国家と政府の論理を越えて、生活者の立場からこの問題を考えると、ゼロ以下の価値を如何に高めるかという視点が必要です。そこで台湾の馬英九総統の「東シナ海平和イニシアチブ」の話をしながら、この問題の出口を探る参考にしたいと思います。馬英九は「主権は分割できないが、資源は分割可能である」と言っています。私は主権も分割できると思っていますが、中台の両岸関係から学ぶことは実に多かった。特に「一つの中国」の原則をめぐり、中台双方が「一中各表」という巧みな解釈から、主権問題を事実上「棚上げ」したことです。

簡単に説明しますと、「一つの中国」とは北京からすると「中華人民共和国」であり、台北からみれば「中華民国」という主張です。「一中各表」とは中台それぞれが、それぞれの立場を「各自表明」するという意味です。いわば玉虫解釈なのです。鄧小平の「一国二制度」という言葉を聞いたことがあると思います。国際法上は「一国一政府」が原則ですが、鄧さんは「一国二制度」という言葉を作り出した。これは近代国際法の主権国家論を乗り越える発想です。

最近、台湾の友人が「島の主権も『一島各表』にすればいい」と提案したことを知りました。この「一島各表」を踏まえて私が構想しているのが「特区化」です。島の利用と管理を、沖縄・石垣市、台湾・宜蘭県、中国・福建省の三自治体で設立する「特区」に委ねる試案です。目的はマイナスの価値しかない島をプラスに転化すること。12カイリ内には公船は入れず非武装地帯とし、特区が資源、環境調査をした上で、将来の資源利用と開発計画を策定する。特区に利用と管理を授権するのは国家ですから、それぞれの「主権」の主張は三者ともお互いに否認しない。その意味では新たな「棚上げ」であり、「一島各表」と言ってもよい。運用は国家の手から離れるため、三者とも領海に関する国内法の「適用除外」措置が必要になる。その上で、目的に沿うよう「海洋平和特別区」などの名称で「特区」指定の法整備をする。こんな構想です。

こんなことを言っていると「非現実的」「夢物語」という批判の声が聞こえてきそうです。しかし想像力とは、今は見えない遠くにあるものを、引き寄せて見えるようにする力です。中国も台湾も反対しないでしょう。問題は日本政府です。いずれにしても「一中各表」から「一島各表」にしようという漢字文化圏らしい新しいアイデアが出ていることを紹介しながら、私の提言にしたいと思います。

前田 元地権者であった栗原弘行さん、弟さんのほうですが『尖閣諸島売ります』という本を出しています。もう売ったわけですが、この方もやはり自然保護と東アジアの友好のための、たとえばキャンプファイヤー場をつくり、各国から若者達を呼んでキャンプファイヤーをしてはどうか、そうすれば尖閣諸島は意味のある場所となるという提言をしています。それでは、かつて尖閣に上陸してキャンプファイヤーをやっていた木村さん、最後にどうぞ。

木村 今日はどうもありがとうございました。陳さんが、民間人がこういう問題について争うのは良くないのではないか、かえって煽ることになっては良くないということをおしゃっておりましたが、煽らない前提でこういう議論ができれば良いと思います。私もここに参加してお話をさせて頂くと非常に勉強になります。こういったことを広く繰り返していけば、平和の海がつくられていくのではないかと思います。むしろ私はヤギを駆除することも忘れていませんが、ヤギの所有権で言えばこちらも石垣島の人に移転されて、登記されているようです（笑）。皆さんもぜひヤギが迷惑にならないようにするのにご支援頂きたいと思います（笑）。

前田　どうもありがとうございました。

第3章　東アジアに平和の海をつくる
——領土、国民、ナショナリズム

（2013年7月25日）

木村三浩（一水会代表）
金東鶴（在日本朝鮮人人権協会事務局長）
四宮正貴（四宮政治文化研究所代表）
清水雅彦（日本体育大学准教授、当時）
鈴木邦男（一水会顧問）
前田朗＝司会（東京造形大学教授）

❖領土問題講義から

前田　予定の時間になりましたので、始めます。予定通りに開始するのが私の信条でして、いつも定刻通りに始めています。これを「日本定刻主義」と呼んでいます（笑）。今日の話の中でも「帝国主義」が話題になるかもしれません。

それから、正面に各国国旗を並べてあります。アメリカ、ロシア、中国、台湾、韓国、朝鮮、そして日本の国旗です。とりあえず関連国家の国旗を並べました。国歌は流さないのかという質問をいただいたことがあります。「世界の国歌」というCDを持っていますが、時間がかかりすぎますので、今日は国歌はなしということでご了解ください。

まず、この集会に至る経緯について少し木村さんに伺います。去年の6月に**東京造形大学の私の授業**＊に来ていただき、学生にお話していただきました。その節はどうもありがとうございました。私が木村さんと初めてお目にかかったのは八王子花火大会の時でした。覚えてらっしゃいますか。

木村　覚えていますよ。前田さんが鈴木邦男さんと弁護士の**内田雅敏**＊さんの討論会を開きました。鈴木さんが八王子に来られるというので、私は二次会から参加しました。

＊東京造形大学の授業　2012年6月及び2014年10月、東京造形大学における前田の授業「政治学」に木村三浩氏をゲストとして、それぞれ3週連続でお招きした。2012年は領土問題について討論し、その内容は木村朗・前田朗『領土とナショナリズム』（三一書房）。2014年は日の丸君が代・靖国神社・天皇制問題を討論した。

＊内田雅敏　弁護士。日本弁護士連合会憲法委員会委員、東京弁護士会憲法問題協議会委員。花岡事件（戦時中の中国人強制連行）、香港軍票の問題など戦後補償請求裁判、西松建設中国人強制連行・強

前田　木村さんも八王子在住だとお聞きしたので、私の授業で日本の領土問題について話していただくことにしました。

木村　東京造形大学の授業の中で領土問題を話してもらえないか、というEメールをいただきました。私はすぐ快諾させていただきました。ちょうど尖閣諸島で中国漁船が海上保安庁の船に追突するという事件がありましたし、竹島問題や北方領土問題を大学の授業で学生たちに話すことができるのはいいチャンスじゃないかと思いました。お誘いをうけて、ぜひ話させていただこうということで、6月に3週連続でお話させていただきました。私たちにとってはそのように話すこと自体、大きなチャンスですから、チャンスを生かすということが話す動機になっています。

前田　北方領土、竹島／独島、尖閣諸島ということで3週連続でお話いただきました。私が質問して木村さんに答えていただくという形式でした。木村さんは北方領土も竹島も尖閣諸島も日本の領土という立場です。毎年のように領土問題の授業をしていますが、私の話だけを学生に聞かせるよりも、立場の違う木村さんの話も聞いてもらうほうがおもしろいに違いないと思いました。

私の見解は、北方領土についてはもともと蝦夷《えぞ》、クリル、サハリンは**アイヌ民族***のものであるということが出発点です。結果として日本の領土ということにな

制労働事件、日の丸・君が代処分問題などに取り組む。最近の担当事件としては、立川自衛隊宿舎イラク反戦ビラ入れ一審無罪判決、自衛隊イラク派兵違憲訴訟など。著書に『「戦後補償」を考える』（講談社現代新書）、『憲法9条の復権』（樹花舎）、『靖国には行かない。戦争にも行かない』（梨の木舎）、『靖国問題Q&A』『想像力と複眼的思考――沖縄・戦後補償・植民地未清算・靖國』（スペース伽耶）など。

＊アイヌ民族
アイヌはエゾ（北海道）、サハリン（樺太）、クリル（千島）などにまたがる地域の先住民族である。居住地が近代国家形成期にロシアと日本の領

りますが、もともとはアイヌのものです。竹島／独島に関しては、私は日本のものではないという立場です。尖閣諸島に関しては、**琉球民族***のものであり、琉球は沖縄県という形で日本になっているから、尖閣諸島も日本の領土という結論になります。ただし、私は琉球独立論者ですから、そこが違うということでその「違い」を出していく形で進めました。

木村　最初に一水会とは何かということを話してから北方領土について話しました。200人くらいの学生に話したわけですが、前田さんの質問がけっこう細かいものが多くて、非常に鋭い質問でした。こちらは大変勉強になりました。私も北方領土のことは少し勉強しているつもりですが、切り返しの質問がなかなか鋭いものがきて、刺激を与えていただきました。外務省の見解、これまでの日本政府の見解だけでなく、アイヌの方の立場とか、歴史的にこういう経緯があったとか非常に細かいところを教えていただいたのです。それからよく覚えているのは、夏の暑い時間の午後の授業で、その時間の学生たちをいかに眠らせないか、ということがありました。途中で寝てしまう人もいるんですね。しかし、割と寝なくて、よく起きて聞いてくれたと思います。

前田　東京造形大学は美術・デザインの大学です。絵画、彫刻、写真、グラフィックデザイン、テキスタイルデザインなどを学ぶ大学ですので、机に座って本を読

土に組み入れられたため、その後、それぞれの国民とされている。狩猟採集民族で、アイヌ語を母語とするが文字は持たない。2006年、北海道における調査で、調査に応じた者の数が2万3000人ほどであるが、実数は不明である。日本政府はそれまで先住民族と認めずに来たが、2007年の国連先住民族権利宣言採択を契機にアイヌを先住民族と認めた。

＊琉球民族
旧琉球王国であった沖縄諸島、先島諸島、奄美群島に居住する人々のこと。歴史的経緯、言語、生活習慣から大和民族とは異なる性格を有しており、独立の先住民族とす

むと5分で眠る特技をもっている学生もいます（笑）。だから木村さんも苦労したと思いますが、ほとんど寝てなかったですね。

木村　昨今に限りませんが、学生は割と途中で寝る人がいますが、東京造形大学の学生は寝る方はいなかったですね。眠りかけた学生がいて、これはまずいと思って、民族派ですから「この野郎、起きろ！」と怒鳴っていいものかどうか（笑）。ところが、授業が終わると、かわいい女子学生が何人も「勉強になりました」、「そういう側面が領土問題にあったんですか」と話しかけてきました。男子学生もやって来て「私は前田先生の授業をとっているんですが実は考え方は右なんです」という学生がいたりして、してやったりと思ったりしました。学生が眠るということは、こちらの話がつまらないということですから、眠らせない苦労がありました。先生の鋭い質問と、学生をいかにひきつけて眠らせないかということが苦労したなと思いました。

前田　意見の異なる二人の対論だったので、学生の評判はとても良かったと思います。

木村　「今度、右翼を授業に呼ぶ」と言ったら、「大丈夫ですか」とか「街宣車で来るんですか」とか言われて、戸惑ったそうですね。

前田　前の週に「来週はこういうゲストがきます」というアナウンスをしたら、「右

る考え方がある。日本政府は琉球民族を先住民族と認めていないが、国連人種差別撤廃委員会は先住性を指摘している。沖縄への米軍基地重点配備、琉球民族・沖縄県出身者に対する社会的差別が続くため、琉球独立論が唱えられることがある。２０１３年には琉球民族独立総合研究学会が設立された。松島泰勝『琉球独立論』（バジリコ）参照。

翼ですか、大丈夫ですか。殴られるんじゃないんですか」と寄ってくる学生もいました(笑)。教員や職員にも事前にアナウンスしたところ、職員の中にも「えっ?」と言って黙る人もいました。教員の中には「おもしろそう」と言って3週とも聞きに来た人もいました。学生だけでなく、教員も座って聞いていました。美大ですから、政治的なことがほとんどない大学なので、右翼民族派が来て話すのは珍しいことでした。極端になりますが、逆に左翼のセクトの人を私の授業に呼んだこともあります。「大丈夫?」と言う人もいましたが、今だからこそ立場の違う人の意見を授業に反映させたいですね。最近は大学の授業に対して外部から干渉する事件が増えていて、なかなか難しくなってきましたが。

木村　いまだに心配してしまうということは、それだけ右翼民族派の活動が固定イメージで思われているということですよね。街宣車とか戦闘服とかで暴れに来るというイメージでしかとらえられていないんですかね。

前田　テレビや街中で断片的に得た知識しか持っていませんから、固定観念はそれぞれもっていると思います。

木村　そうすると、固定観念を少しは払拭できた。

前田　木村さんに影響されて、「やはり竹島は日本の領土ですね」と言ってきた学生が何人もいます。

木村　学生が書いた感想文を見ると、けっこう日本の領土だと思ってる人たちもいたり、好感を持って学生さんが見てくれていたので、これは大丈夫だなと思いました。かなりの学生が割と好感を持って書いてくれました。「右翼なんかさっさと帰れ」と言われなくてよかった（笑）。前田さんが、歴史的な事実にのっとって、近代日本が竹島や尖閣諸島や北方領土の問題でロシアや韓国や中国と争ってきた経緯を、学生に教えてるでしょうけれども、逆にこちらの立場で、「立場は違うけど、こういう意見だ」と説明したので、学生たちもしっかり受け止めてくれたと思いました。ちょうど領土問題がマスコミで賑わっていましたし、学生も関心を持っていたと思います。「右翼」という固定観念をやぶることができたとすれば、とても良かったです。その記録『領土とナショナリズム』（三一書房）が出版されて、一冊の本になったのは凄いですよね。「左翼出版」の**三一書房***から私の主張が載った領土問題の本が出たわけですから（笑）。

❖国民と非国民

前田　司会が出しゃばって話してきましたが、そろそろ他の方にお願いします。まず、四宮さん、お願いします。

＊三一書房
１９４５年に創立された人文社会系の書籍を中心とする出版社。１９５５年、五味川純平『人間の條件』のベストセラーで有名となり、１９７６年、大島渚『愛のコリーダ』のわいせつ裁判でも知られる。１９９８年から労働争議が続いたが、２０１１年、争議解決し新体制で出版事業を再開した。

四宮　『領土とナショナリズム』、全部は読んでいませんが拾い読みをしました。ここはけしからんと思うところもありますが、木村さんが反論して頑張っているという印象を受けました。

一番問題なのは、歴史認識というか、北方領土にしても、前田さんがおっしゃるように、「我が国固有の領土」といっても1000年、2000年のスパンでみると、アメリカには元々先住民の**ネイティヴ・アメリカン**＊がいたし、オーストラリアには**アボリジニ**＊がいたわけです。その意味では「固有の領土」とは言えません。だからと言って、アメリカやオーストラリアから白色人種は出ていけということはまずない。日本の場合も縄文文化、弥生文化があって、先住民としてはアイヌの人もいました。それは間違いない事実です。とはいえ、だから北方領土がアイヌのものだとすることはできません。

それで、日本は今日の段階においては、とくに近代以降に「大日本帝国」として国家を建設し、大東亜戦争に敗北して本州、北海道、九州、四国の4つの島に限定されてしまいましたが、南樺太・全千島、竹島、沖縄、尖閣諸島、これが日本の固有の領土であるということを主張するのは当然のことだと私は思います。「固有の領土」と言うのは、こうした意味で使っています。竹島も、欝陵島といまの竹島が混同されているのでいろいろと言われているのですが、竹島は島根県

＊ネイティヴ・アメリカン
アメリカ合州国における先住民族の総称。コロンブスが新大陸をインドと誤解したため「インディアン」という名称が用いられたが、インディアンに対する差別が激しいこと、命名自体が正しくないことから、他の呼称も用いられてきた。もっとも、「アメリカ・インディアン運動」グループなど、「インディアン」という名称を先住民族の名称として自覚的に用いる人々にはネイティヴ・アメリカンという語を拒否する人々もいる。

＊アボリジニ
オーストラリアと周辺島嶼に居住する先住民族の名称。アボリジナル

下の島で、尖閣諸島は沖縄県の島です。琉球のものであると言われれば、もともとあそこには琉球王朝があったので、それはそうだということになりますが、いま琉球は日本の領土ですから、原則は曲げられないと私は思います。

「非国民」という言葉が使われていますが、前田さんがあえて非国民という意味はよくわかりました。たしかに私も国家主義というか、いわゆる政治権力機構としての国家が強くて、国民というものが管理下に置かれるという国家体制がいいとは全然思いません。ただ、日本国が天皇を中心とした**信仰共同体であり祭祀国家***であるということは大事にしなければならないというふうに思います。

前田　それは日本国憲法ではなく、四宮さんの歴史認識ですね。

四宮　前田さんが、**今上《きんじょう》天皇***様が「強制はよくない」とおっしゃっているのに国旗国歌を強制するのか、そして「日本国憲法を守る」と言われているのになぜ反対するのかと指摘しています。たしかに核心をついたご意見だろうと思います。そのことを今日ここで論じてもあれなので深入りはしませんが、非常に難しい問題であると思います。学校教育というものにおいて、国旗国歌を強制するのはよくないと言うのはその通りであると思うのですが、他方で、「強制」というものは教育には必要だと思います。「九九」や「漢字」を覚えさせるということも「強制」です。それから、日本の公立学校で国歌を歌い国旗を掲揚するということは「強

やオーストラリア先住民という語も用いられる。オーストラリア大陸におけるアボリジニの歴史は10万年以前にさかのぼる。西欧人の到来後、オーストラリアが植民地とされ、虐殺や病死により人口が激減した。タスマニアン・アボリジニは絶滅したとされる。長い運動の結果、1993年、先住権が認められ、2008年、首相が公式謝罪をしたが、補償金支払いはしないこととされた。

＊信仰共同体であり祭祀国家
集団的に信仰を維持する共同体、ある宗教を紐帯として人々が形成する共同体。神や祖先をまつること、祭典や祭儀を、個

制」という言葉が適切かどうかはわからないけれども、当然のことであって、それが良くないとは私は思いません。

前田　**憲法第九九条**＊をどう見るかにかかわってきます。国民主権の**憲法第一条**＊と、憲法尊重義務の第九九条です。

四宮　憲法というものも、日本の国の現行憲法体制下において国民統合の象徴であられる陛下が憲法を守らないとおっしゃるわけにはきませんから、それを守るとおっしゃるのは当然であります。しかし、憲法の中にも書いているように、改正条項はあるのだから、改正しようという動きが起こっても、これは天皇陛下の御心に逆らうことにならないと思います。

前田　鈴木さん、いかがでしょうか。

鈴木　今日は出版記念パーティだから祝辞をと言われて来てみたら、どうもパーティでもないし、討論会だなと思ったら、パネラーに私の名前が入っていました(笑)。こういう企画はなかなかおもしろいなと思いました。

領土問題だとか憲法問題とかは仲間内だけで話すことが多いですよね。それで、「そうだ、そうだ」というふうにしたほうが楽ですから。むしろ、意見が違う人が話をして、とくに活字にして将来に残すというのは勇気があるなと思いました。僕だったらとてもじゃないけど引き受けられないですね。知識もないし、

人や民間レベルではなく国家的規模で行うこと。

＊今上天皇
現に在位する天皇の呼称。明治天皇、大正天皇、昭和天皇などの呼称は諡号、追号であり、死去後に贈られる名前である。なお、憲法にも皇室典範にも関連規定はない。現在の今上天皇の諡号は未定である。今上天皇を平成天皇と呼ぶ者がいるが、これでは死者として扱ったことになる。また、「平成天皇」となると決まっているわけではない。

＊憲法第九九条
天皇又は摂政及び国務大臣、国会議員、裁判官その他の公務員は、この憲法を尊重し擁護する義務

行動もしていないから。木村代表は領土問題には非常に詳しいし、尖閣には2度行っていて、1カ月以上「実効支配」しているんですよ（笑）。灯台を作っていますし、ヤギを連れていったのも彼です。どうしようもなくなったら最後に食べようと思って連れて行ったらしいのですが、情が移って食べなかった。それが今は500頭位になっているので、いまはヤギが尖閣諸島を「**実効支配***」しています（笑）。木村代表たち、自分たちで灯台を作ったのかと思っていたら、きちんと業者の人も連れて行っていて、業者の人も含め10人近く行って作ったそうです。普通だったらそれで一冊、新書本を作りますよね。そういう実績があるからどんな人とも話すことができるのだと思います。

前田　木村さん、尖閣上陸事情の本を出しておけば良かったですね。

❖ヘイト・スピーチをめぐって

鈴木　先日、7月7日に日本外国人特派員協会に呼ばれて、**有田芳生***さんと記者会見に出席しました。ヘイト・スピーチの話をしたのですが、領土問題に限らず、排外主義に結びついてしまうんですね。アメリカやドイツやフランスなどの記者から質問されました。アメリカの記者はこのように言っていました。「3・11以降、

を負ふ。

＊憲法第一条
天皇は、日本国の象徴であり日本国民統合の象徴であつて、この地位は、主権の存する日本国民の総意に基く。

＊実効支配
領土の成立要件として、ある政権が当該領域を支配し、実態の上で統治していると言えることを指す。確立した領土についてこの言葉を用いることはない。国際的に承認されていない場合、つまり他国との領土紛争のある場合に、当事者の一方が実効支配していると唱える。尖閣諸島について、日本政府が「領土問題はない」と言いながら、同時に「尖閣諸島を実効支

世界中は日本に対して同情していた。日本人は素晴らしいと感動した。ところが、今年の4月に大阪で起こったヘイト・スピーチで世界中が凍りついた。世界中が批判をしている」と。あまりテレビで報道しないし、ネットを注意深く見る人じゃないと知らない話です。

新大久保と鶴橋でヘイト・デモと言われる行動をやっていますが、鶴橋で、中学生の女の子が「私は在日の人たちを許せない、南京大虐殺どころか鶴橋大虐殺を行います。それが嫌なら日本から出て行け」と言ったのです。普通だったら大人が止めますよね。しかしみんなが「もっとやれやれ」って感じです。それが日本のテレビだと「差別になるから」と言って放送しない。一度テレビ局で出したら視聴者から抗議が来たそうです。ヘイト・スピーチに対する抗議じゃなく、放送したテレビ局に対する抗議です。なぜそういう差別用語をテレビ局で流すのかと。もうやってられないとテレビ局の人は思ったんです。なんだかだらしがない話ですよね。

前田　きちんと報道するようになったのは、2013年3月からです。鶴橋大虐殺発言映像の影響は大きかったと思います。

鈴木　さらに悪いことには、韓国でも中国でも、世界中のテレビ局で放送されています。日本人だけが知らないんですよ。日本人だけが知らなくて、「朝鮮人を殺

配している」と述べているのは矛盾しているのではないか。

＊有田芳生
民主党所属の参議院議員。出版社勤務、フリーランスのジャーナリストを経て、2010年、参議院議員になる。レイシズムやヘイト・スピーチに対する批判活動でも知られ、人種差別禁止法制定の努力をしている。著書に『ヘイトスピーチと闘う』。

したい」といたいけな中学生の女の子が話していて、それが世界中に配信されてしまった。日本はこうだ、と。嘘じゃないですからね。ほんの少しの人たちだけをみて、「日本人はこう思っているんだ、それで日本政府は憲法改正しようとしている、侵略戦争をやろうとしている」と思われている。そういう意味じゃ日本の外交はへたくそですね。そういうふうに誤解されてしまう。もっともっときちんと情報発信しなければいけないと思います。

木村代表はどんどん外に出て行って発言していってくれています。韓国、中国、アジアの国々に対してもっともっとやるべきなんです。安倍晋三首相も頑張ってやるでしょうけど、それも必要だと思うのです。日本が排外主義の国だと思われてしまいます。多くの右翼も民族主義の人たちも、そんなふうに排外主義的な考えは持っていないですよね。右翼には在日の人たちも結構いますよね。15年前に一水会に在日の人が入って、テレビドキュメンタリーに出たことがあります。それは僕は非常に素晴らしいと思うし、一水会の誇りだと思っています。日本は大和の国ですから、寛容の国であるし、そういうことを知らないで、日本は外国人をみんな追い出そうとしているという面ばかりが世界中に配信されてしまう。8月15日になると靖国神社に鉄砲を担いだ人が集まっている。ほらみろ、戦争を準備しているじゃないかと思われたらマイナスですよね。そういった意味では、もっと日本は世界に対して声をあげていかなければならない。どんどんこういう形で出してもらいたいし発言してもらいたいと思います。

前田　三一書房という出版社の名前が先ほど出ましたが、鈴木さんも懐かしいのではないでしょうか。

鈴木　そうですね、私が最初に出した本は**『腹腹時計と〈狼〉*』**という本でした。産経新聞を馘首になってから、**東アジア反日武装戦線***について『やまと新聞』という日刊新聞に連載しました。『やまと新聞』には四宮さんも書いていましたよね。それを神田にあったウニタ書店に置いていたら、それを三一書房の竹村社長がみてくれて、「おもしろいから本にしよう」と言ってくれました。ただ、三一書房では天皇制支持者の本は出せない。社内で会議にかけると却下されるので、私と鈴木さんで内密に出版しようということで、社長自らレイアウトからすべてをやってくれて、私が倍くらい書き加えて出版しました。ありがたいですよね。三一書房のおかげでモノ書きという立場になることになりました。

それに、ここは全水道会館ですよね。全水道会館と聞いて、びっくりしました。**知花昌一***さんという人が沖縄の国体のときに日の丸に火をつけて騒動になり、そしてここで集会を行ったことがあります。一水会の若者たちが「許せない！」ということで玄関前で体当たりして大乱闘になったんですよ。だからここは「戦場」

＊『腹腹時計と〈狼〉』　１９７５年出版の鈴木邦男『腹腹時計と〈狼〉――〈狼〉恐怖を利用する権力』（三一新書）は鈴木邦男の初の著書である。

＊東アジア反日武装戦線　１９７０年代に三菱重工爆破事件など連続企業爆破事件などの武装闘争を行ったグループ。公安当局の言葉では「極左過激集団」の一つである。〈狼〉〈大地の牙〉〈さそり〉などの名称で活動した。東アジア反日武装戦線を描いた作品には、桐山襲『パルチザン伝説』（河出書房新社）、松下竜一『狼煙を見よ』（河出書房新社）がある。

＊知花昌一

ですよね。そういう因縁のある古戦場で今日の討論会です。そういう意味で、記念すべき会館、思い出の会館で、記念すべき出版社から出た本をめぐる討論会ということで、非常に素晴らしいことだと思います。

四宮　三一書房っていうのは「**三一万歳事件***」と関係あるのですか。

前田　関係あるようです。1945年創業ですが、京都の古本屋の2階を間借りしていた。その古本屋は在日朝鮮人が経営していた「三一書店」というところで、そこに間借りしたので、その屋号を使ったのが由来らしいと言うことです。『領土とナショナリズム』の出版を三一書房にお願いした時、私は頭の片隅に鈴木さんのデビュー作『腹腹時計と〈狼〉』のことがありました。三一書房から本を出しましょうと言えば、たぶん木村さんは断れないだろうと（笑）。さて、ヘイト・スピーチが話題になりましたので、金東鶴さんにお話いただきます。朝鮮学校無償化除外の問題とか、最近はヘイト・スピーチの問題にずっと取り組んでおられます。

❖ヘイト・スピーチと差別の状況

金　在日三世の金東鶴です。私も『領土とナショナリズム』は大変おもしろく刺激

沖縄県在住の平和運動家、読谷村議会議員を経て、真宗大谷派僧侶。1987年に開催された沖縄国体で、天皇訪沖と日の丸君が代強制に対する抗議として、読谷村の会場に掲げられた日の丸を焼き捨てた。著書『焼きすてられた日の丸』（新泉社）、『燃える沖縄　揺らぐ安保』（社会批評社）。

***三一万歳事件**　1919年3月、日本統治下の朝鮮で起こった独立運動。三一事件、万歳事件などの呼称がある。現在、韓国では三一節として祝日となっている。第一次大戦後の平和運動の世界的潮流を背景に、また同年2月8日の在日朝

を受けて読ませていただきました。私としては「前田さん、もっと突っ込んでよ」と思ったところも多々ありましたが、とかく領土問題というのはなかなか対論が成り立たないものです。日本国内もそうですし、朝鮮半島のほうでもそうだと思います。相手側の主張をしっかり出してそれに対してしっかり分析するということになかなかなっていないので、木村さんと前田さんの対話では、それぞれがどういう意見をもっているのか、しっかり提示されるというところでは非常にいい機会になったのではないかなと思います。

ヘイト・スピーチに関してですが、私は京都出身で、友人の子どもたちがたくさん通っている京都朝鮮第一初級学校（当時）が、２００９年12月に在日特権を許さない市民の会（在特会）や主権回復の会の襲撃を受けました。あの時も、直後に前田さんが東京で抗議集会を開いてくださいました。当時、そのことに対して日本の大手メディアはあまり取り上げませんでした。京都の地方版ではそれなりに取り上げたのですが、なかなか大手メディアが取り上げなかった。東京では東京新聞が特集を組んで大きく取り上げたのですが、在特会が猛烈な抗議をかけたので東京新聞でも一部でびびっているような状況があるようでした。そのような状況が続きエスカレートして、鶴橋や新大久保の差別デモという事態が何度も起こる。最近やっとマスコミも取り上げ始め、有田芳生さんはじめ国会議員も立

鮮人による「独立宣言」を経て、高宗の死後、独立運動が高まり、大衆化・一元化・非暴力の三原則に立った独立運動が朝鮮半島を覆った。3月1日、指導者らが「吾らはここに、我が朝鮮が独立国であり朝鮮人が自由民である事を宣言する。これを以て世界万邦に告げ人類平等の大義を克明にし、これを以て子孫万代に告げ民族自存の正当な権利を永久に所有せしむるとする」と始まる「独立宣言」を読み上げ、万歳三唱をした。

ち上がったという状況になったのかなと思っています。ちなみに私は、今は京都を離れていますが、子どもを朝鮮学校に送っている保護者でもあります。

前田　ヘイト・スピーチだけでなく、長い間、朝鮮学校への差別が続いています。

金　朝鮮学校をめぐる状況は単に巷の心ない人たちによる差別だけではなく、制度的に厳しい差別状況にあるといわざるを得ません。高校無償化制度からの除外問題があります。この制度は２０１０年に始まりましたが、いまだに朝鮮学校は排除されたままになっています。それどころか、２０１３年２月20日には、省令が改悪されて、それまで朝鮮学校に対しては文科省の中で専門家を集めて審査をするということで審査を続けてきたのですが、その審査の根拠になる省令上の文言を削除することによって審査自体を打ち切るということがなされました。制度的には認められようがないという状態にまでなっています。そういった動きと、巷のヘイト・スピーチをする人たちの動きも無縁ではないのです。在特会などはとかく極端な行動を取っているように思われる方も多いと思いますが、それと同様のロジックが政治家の口から語られています。

前田　政府が上から差別を煽り、在特会が下から差別を煽る。

金　無償化問題に連動して、地方自治体レベルで日本の私立学校ほどのお金ではありませんが、幾ばくかの教育助成金が朝鮮学校に出ていたのですが、それもいま東京、千葉、埼玉、大阪、広島、山口などそれを止める自治体が増えています。あろうことか、震災があった宮城県でも震災直後に助成金を止めるということがなされているのです。そういう状況のなかで**民族教育***を行っていくのが非常に厳しい状況になっているのです。そういった状況は、実は根っこをたどればここ数年の話ではないのです。やはり日本の植民地時代に朝鮮人は限りなく皇国臣民になりなさいという政策をして、戦争が終わった後も少なくとも在日朝鮮人が残る以上は日本人になりなさいと、日本政府はこうした政策をとってきたと思わざるをえません。

かつて総理大臣をされた**佐藤栄作***さんですが、1965年12月の参議院、国会の場（4日、日韓特別委員会）で、「植民地を解放して独立したのだ、独立した教育をしたいのだ、こういうことであれば、それはその国においてなされることはいい。ここは日本の国でございますから、日本にまでそれを要求されることはいかがかと、かように思うのであります。はっきり申し上げておきます」。こうした発言を国会の場でされているんですね。1965年というのは、ご存知の方も多いと思いますが、韓国と日本が国交を樹立した年です。樹立するに当たって、いろんな取決めをするのですが、在日朝鮮人の権利をどうするのかというようなことな取り決めの中で、教育に関してもいくつかのとりきめがなされます。その時、

***民族教育**
民族構成員に、自らの経済的社会的文化的発展を追求できるよう、言語、歴史、文化を教え育てる教育。日本では上からの単一的な民族教育が行われているが、それを民族教育と意識していない。在日朝鮮人は日本社会で生きながら自らの民族性を保持するために民族教育に力を入れてきた。このため日本政府から激しい弾圧を受けてきた。2013年、京都朝鮮学校事件に関する大阪高裁判決は、民族教育を行う利益を認めた。

***佐藤栄作**
1901〜1975年。日本の政治家。第61〜63代内閣総理大臣。歴代最

日本の中での民族教育を否定的なものとして扱う考え方が顕在化していく。植民地期も、解放後の1965年、いまから半世紀前もそうだったのです。

前田 朝鮮学校を差別しないと、自分のアイデンティティを確認できない奇妙な日本人が多い。

金 いまも文科大臣をされている下村さんは「朝鮮学校無償化制度の適用が認められたいのであれば、日本の学校と同じように学校教育法の一条校になれば認められるんだよ」と言うわけです。**学校教育法一条校**というのは日本の検定教科書を使わなければならない。日本の学習指導要領に沿わなければならないというしばりがあるんです。当然日本の学習指導要領では「国語」は日本語です。それらを最低週何時間以上教えなさいという規定があるわけです。日本の検定教科書は当然日本語で書かれています。ですから、民族教育を十分することができないようになっています。したがって朝鮮学校だけではなく、他の外国人学校の圧倒的多数が、一条校になりたくてもなれないのです。独自の民族教育ができないから。ということを知りつつ、文教族を自他共に認める下村大臣が平気で「一条校になりなさい」と言う。それはまさに「あなたたちは日本で生まれ育ったのだから日本人になったらいいいんだ」と、こういったロジックなんですね。アメリカ人やイギリス人に対しては決してこういう考え方はしないと思います。日本の中に根強

長の在任期間の首相として知られるとともに、日韓基本条約、非核三原則、沖縄返還を実現し、1974年、日本人として初めてノーベル平和賞を受賞した。ベトナム戦争に協力するなど戦争協力者であり、平和賞受賞は驚きをもって迎えられた。沖縄返還の密約問題など、その後も禍根を残す政治家であった。

＊学校教育法第一条 この法律で、学校とは、幼稚園、小学校、中学校、高等学校、中等教育学校、特別支援学校、大学及び高等専門学校とする。

く残る脱亜入欧的な考え方があると思わざるを得ません。ですから、そういったことと、巷のヘイト・スピーチ問題が非常にリンクしていると思います。

木村さんはご著書でも院内集会のような場でも「自分たちの民族を大事にするのであれば、他の民族を大事にしなければならない」ときちんとおっしゃっているじゃないですか。そういう方たちとの会話はきちんと成り立つと思います。「自民族を大事にして他民族を貶める」ということは許せない、これは右翼も左翼も一致できる点ではないかと思います。

❖朝鮮学校の民族教育

前田　在日コリアンの民族教育について、四宮さん、いかがでしょうか。

四宮　私は朝鮮学校の中における「民族教育」がどういうものであるのか、具体的なことはよく知りません。しかし、「朝鮮学校の教育は反日教育だ」と考えてきたわけです。日本は帝国主義で朝鮮を侵略して憎むべき国であると言う。天皇制も否定する。君が代ももちろんダメ。とにかく日本を憎む教育であるというふうに、一方的な情報かもしれませんが理解してきました。それから、いままで朝鮮民主主義人民共和国という国の影響下にある朝鮮学校というものは、三代続いている、我々の言葉でいえば「金日成王朝」――その独裁体制を賛美するものだと受け止めてきました。

ただ、民族教育という中身の問題が非常に大事なのではないかと思うわけであります。ですから、教育の基本というものがどういうものであるのか。朝鮮学校が行っている民族教育というものは朝鮮の歴史・文化・伝統、そういったものをきちんと正しく教える教育はもちろんしなければならないけれども、日本に対する憎しみを煽るような教育をされているのではないかと疑問を抱いてきたわけです。どうしてもそこが引っ掛かります。

鈴木　そういうふうに思っている人は日本では多いと思います。民族教育をするのは当然だと思いますし、日本だって海外にある日本人学校は日本の歴史を教えているわけです。ただそれを教えるときに、日本から植民地にされたということは歴史として教えるでしょうし、それを教えることが即「反日」にはならないと思うのですけれども、兼ね合いが難しいですね。それをどうしているのか、もっと説明してくれたほうが変な誤解を招かないと思います。

木村　２０１２年以前の朝鮮学校に対する日本文部省の対応の仕方はそんなに変化がないと思います。これはあくまでも拉致問題の解決を促進する意味で、いわゆる経済制裁の１つとしてこのような問題が出てきていると思います。結局、在日本朝鮮人総聯合会の幹部の出入国、人物往来は止めてもらうということを制裁に課していると思います。１９６５年12月の佐藤栄作答弁以降の文部省の対応というのは、補助金の在り方はそんなに多くないかもしれませんが、朝鮮学校にも出してきたのではないですか。在日韓国朝鮮人ということでいえば、北朝鮮を支持する学校だけじゃなくて、日本には韓国人の学校もあるわけですが、韓国学校に対しては日本政府からの補助金は続いているのではないですか。そこら辺はいかがですか。

前田　差別の被害者に説明責任を求めるようで申し訳ありませんが、金さん、よろしく。

金　木村さんのご質問ですが、佐藤栄作答弁の前も後もそうなんですが、日本では外国人学校に対しては国からの補助金はありません。各種学校扱いですから国からではなく、外国人学校に対しては都道府県や市区町村、自治体が１９７０年代くらいからぽつぽつとお金を出す自治体が増えてきましたが、国庫からは出ていなかったんです。唯一の例外は阪神大震災の時に多くの学校が倒壊したり半壊したりしたので、その建設に対する補助金だけは出ました。それが初めて出るようになったのが、民主党政権の２０１０年の高校無償化なんです。それでも朝鮮学校だけは排除されています。各種学校の認可さえ取れていないブラジル人学校も排除されていますが、少なくとも学校基本法上、各種学校になっていて排除されているのは朝鮮学校だけです。たしかに韓国系の学校も何校かはあり、東京にも各種学校認可を取っている**韓国学校**＊がありますが、同校は都の補助金や区の補助金（保護者対象）だけでやっています。日本の私立学校と比べても行政からの支援は非常に少なくて、四分の一とかそういうレベルです。中華学校でもインターナショナル・スクールでもそうです。そういう状態が続いています。

憲法第三〇条＊に納税の義務が定められています。国民は納税の義務を果たさなければならない。主語は国民になっていますが、この「国民」には外国籍者も組み込まれています。税金を取る時は「国民」扱いで、税金を使う時は「外国人」扱いなのです。

前田　朝鮮人から税金は取るけど、使う時になったとたんに「国民の血税」と言い出す。

木村　韓国学校は無償化適用になっていますよね。

金　なっています。

木村　だから朝鮮学校だけですよね。ここに政策の整合性がないわけですが、これは拉致問題の経済制裁の一環としてやってるわけですよね。

金　そうですね。それはまた話しますが、いまなぜ憲法三〇条のことを言ったかと

＊韓国学校　在日朝鮮人の中でも特に韓国籍を有する者を対象とし、韓国語で授業をする学校である。建国学校、金剛学校などは、学校教育法第一条の「一条校」として運営されているため、日本のカリキュラムを行い、その上で韓国語による授業も行っている。東京韓国学校は、カリキュラムの制約を避け、朝鮮学校等と同様に各種学校として運営されている。

＊憲法第三〇条　国民は、法律の定めるところにより、納税の義務を負ふ。

いいますと、三〇条の主語である「国民は」には外国籍を入れて納税の義務を課している。かたや**憲法二六条***に国民は教育を受ける権利があるという条項があります。ここでも「国民」という言葉が使われるわけですが、この「国民」の中には外国籍者は入っていません。つまり、外国籍者は納税の義務においては「国民」扱いだけれども、教育を受ける権利に関しては「外国人」扱いなんです。権利の享受の対象にはならないわけです。そういうダブルスタンダードの解釈がまかり通ってしまっている。こういう問題があるということを知っていただきたいのです。

たしかに外交問題、政治問題が無償化には影響しているわけですけれども、いくら外交上、日本と朝鮮民主主義人民共和国の関係が険悪であるからと言って、教育において差別されることが正当化されるのか。拉致問題があるからと言って、日本で生まれ育った子どもたちに制裁することによって何の効果があるのかということを私は思うわけです。

❖「反日」と「反日帝」

前田　「在日朝鮮人は人質だ」と、堂々と口にした政治家もいました。

***憲法二六条**
すべて国民は、法律の定めるところにより、その能力に応じて、ひとしく教育を受ける権利を有する。2．すべて国民は、法律の定めるところにより、その保護する子女に普通教育を受けさせる義務を負ふ。義務教育は、これを無償とする。

金　それから、朝鮮学校では「反日教育」が行われている、と言われます。昔からそのような宣伝があったりしますが、私はけっして「反日教育」ではないと思います。正確に言ったら「反日帝教育」であると思います。日本帝国主義の時代に朝鮮民族が植民地支配の辛酸を舐めたわけです。そして自分たちの国に日本が土足で入り込んだことについて、それは当然否定的に教えます。それを「反日教育」だとレッテルを張られるのですが、それは帝国主義時代の話です。たとえばポーランドではナチス・ドイツは悪かったと教えていると思います。それはドイツの中でも教えていると思います。日本の植民地支配というものは朝鮮人にとって大変な迷惑だったわけですから、これを否定的に教えるのは当たり前だと思います。

しかし、日本で生まれ育った朝鮮人学校に通っている子どもたちは4世なり5世なりです。自分たちの周りは圧倒的に日本人が多くいます。その日本人を恨みなさいという教育が現実的でしょうか。ありえないですよ。ですから、そういう過去はあるけれども、日本人と一緒に生活できるようにしなくてはならない。日本人の中でも朝鮮学校を支えてくださる方も当然います。無償化排除状態はいまも続いていますけれども、私たちと同じかそれ以上に頑張ってくださる日本人の方もたくさんいます。そういう方がいらっしゃることも当然教えています。そういう方たちと一緒に活動をすることによって、日本でもこういう人たちがいるんだということを子どもたちは肌で感じます。私たちがデモや集会をすると在特会が邪魔をしに来るわけですね。とんでもないことも言います。排外主義者との出会いが多ければ日本に対していやな感情を持つこともあると思います。ですから何が反日教育かといいますと、合理性を欠く不条理な差別やヘイト・スピーチだと私は思います。日本の差別主義者が自分で「反日教育」を作り出しているのです。

鈴木　いろいろと知らないことがありました。どんどんいろんな場所で発言していったらいいんじゃないですか。そして、学校にいろんな人たちを呼んでみてもらえばいいと思います。四宮さんも私も行きますよ。そうじゃないと一方的な宣伝ばかりでレッテルを張られるということが怖いですよね。

木村　たしかに外交と政治的な問題の中で、日本で生まれた在日の子どもたちの学校に対して圧力をかけるという手段はいろいろと考えなければいけないと思います。しかし、拉致被害者の方々からすると、なんとか拉致問題を解決したいという思いがある。それに社会的雰囲気があるという認識はしてほしいです。そして次の問題としては、我々の側が教育の問題に対して、そういうことをやるのがどうかということを考えなければならないし、**万景峰号**《まんぎょんぼんごう》**入港停止**＊も考えるべき点がありますます。**金正日**《キムジョンイル》＊さんが亡くなった時に在日の人たちは弔問に行けなかったわけですが、弔問くらいは行かせてあげるべきではないかと私は主張しました。難し

＊万景峰号入港停止
万景峰号は朝鮮の元山と日本の新潟を結ぶ貨客船。２００６年、朝鮮のミサイル発射事件に対して、日本政府が制裁措置の一環として、万景峰号入港停止措置をとった。その後、朝鮮の核実験を機に、朝鮮の全ての船舶を入港停止措置の対象としている。

＊金正日
１９４１～２０１１年。朝鮮の政治家。朝鮮労働党中央委員会総書記、国防委員会委員長、朝鮮人民軍最高司令官などを歴任し、没後、大元帥の称号を追贈された。

い問題ではありますが、人道的という意味で、できないことはないと思います。

❖日本社会と朝鮮学校

前田　清水雅彦さんはかつて朝鮮大学校非常勤講師でした。私も非常勤講師です。そのあたりのことに清水さんからふれていただきたいと思います。それから、先ほど「国民概念」の話がありました。日本国憲法の国民概念がダブルスタンダードで使われているということ、そのあたりを理論的に触れていただけたらいいかなと思います。まず、朝鮮大学校の非常勤講師として、朝鮮学校が日本社会にどういうひらかれ方をしているのかとか、そのあたりをお願いできますか。

清水　私も前田さんと同様、「左翼的」な法律家として、法律家運動や諸活動をしているのですが、以前、朝鮮大学校で非常勤で日本国憲法を教えていたことがあります。朝鮮大学校が法律学科を作りました。在日の人たちが自分たちで法律家を養成しようという形でできたのですが、もちろん朝鮮大学校の教員に純粋な法律家はあまりいませんから、前田さんや私などの日本人が非常勤という形で教えることになりました。１９９９年に法律学科ができまして、卒業生の中からこれまで**弁護士は７人誕生***しています。１学年法律学科が10人とか15人しかいないの

***弁護士は７人誕生**
本書収録座談会の時点では、朝鮮大学校法律学科卒業生で司法試験に合格者し弁護士となった者が7名であった。２０１５年４月１日現在、合格者は14名。

ですが、司法試験に7人うかって弁護士になっているということは、かなり優秀です。あそこで教えていたイメージとしては、私もそれまで総連系の人たちとの付き合いはまったくなかったのですが、学生自体は普通の日本人とあまり変わらない印象です。たしかに教室には金日成《キムイルソン》*・正日親子の肖像画が飾ってありますが、日本の法律を勉強しています。

法律学以外の朝鮮民族の教育内容自体は詳しく知りませんが、学生たちと本音で話すと、朝鮮の体制や総連の在り方について批判的なことを言う学生もいますし、あるいは私から見ると、日本に住んでいる関係で、電車に乗ってもすぐに携帯をいじったりして、かなり日本人化しているというか、日本の若者とあまり変わらないという印象を持ちます。それで私は怒って「君たちは日本の若者みたいになっちゃだめだよ」と言ったものです（笑）。日本にいるのでどうしても資本主義の影響を受けてしまって、若干堕落しているなと思う部分もありつつ、そんなにがちがちな学生ではないと思います。いま私は朝鮮大学校では非常勤をやっていませんけれども、大学は2年に一度くらい学校開放を行っていました。今も公開してますか。

金　はい。毎年やっていますよ。

木村　私も招待を受けましたよ。その時は行けませんでしたが。

***金日成**
1912～1994年。朝鮮の革命家・政治家。植民地時代には抗日独立運動を指揮した。第二次大戦後、朝鮮半島北部に朝鮮民主主義人民共和国を建国し、1948年に首相となって以後、一貫して最高責任者の地位にあった。朝鮮労働党党首、国家主席を務めた。

清水　朝鮮大学校でも学園祭が毎年開催されていて、その時には外部の人も出入りできますので、そういう場に行っていただいて学生に触れることで、印象も変わってくるのかなと思います。

前田　学園祭にも在特会が押し掛けたりするともめますが、きちんと考えている人には学園祭に来てほしいですね。

清水　私自身の現在の研究テーマが国家権力制限規範ですので、その観点からやはり国家の特に暴力装置である軍隊と警察機関について関心がありまして、「平和主義」と「監視」、「監視」でもとりわけ警察の治安政策についてこの間研究をしてきまして、それとの関係で、２００７年に生活安全警察の「**安全・安心まちづくり**＊」という治安政策を批判する本を出版しました。その時に前田さんが出版記念集会をしようと提案して開催し、その時に鈴木邦男さんにも呼びかけ人になっていただいて、当日来て下さいました。もうお忘れかもしれませんが発言もしていただきました。

鈴木　覚えてますよ。

清水　その時もそうですが、今日もパネラーの組み合わせがおもしろいですよね。こうして右の方と左の方が議論するというのは、なかなか討論の場が確保されていない中で、この組み合わせがおもしろいなと思います。右と左の討論の場なの

＊**「安全・安心まちづくり」**　住民が安全で安心して暮らすことができる社会の実現を図るため、全国の自治体で同条例が策定され、生命、身体又は財産に危害を及ぼす犯罪の防止に関し、東京都、都民及び事業者の責務を明らかにするとされた。防犯を自治体の主要政策とするのは当然のことであるとみられるが、外から来る者に対して敵視する姿勢を持つと同時に、内に対しても管理・監視のメカニズムが強化される。

で、私は政治的には左なので今日はピンク色のワイシャツを着てきました（笑）。

前田　昔だと男がピンクのワイシャツを着るなんておかしいと思われた。

清水　私は政治的には左なのですが、日体大に赴任する前に、ある私立大学にいました。そこが非常に民主的な大学で、教員も左翼的な人間が多いのです。理事会も教職員が理事を選ぶという非常に民主的な大学なのですが、そういう大学に赴任してみたら、学長も理事も権力を握ると非民主的なことを行うのです。それで私も赴任した1年目から学長と理事会を批判したところ、逆襲を受けて、理事会から処分されましたし、教員からは「人権屋は黙っていろ」ということで、匿名の誹謗中傷文をもらったりしました。大学自体は非常に左翼的な人が多いのに、左翼的な人というか特定の政治党派の人たちですが、あの人たちは権力を握ると非民主的になるのですね。民主集中制というか、そういった発想が強いからかもしれませんが、それが特に許せなくて私も批判したのですが、そういった意味で、私は政治的には左の立場ですが、一方で一部の左翼のそういった人間性というか、非常に陰湿ないじめやいやがらせをうけて、あの人たちは本当にどうしようもないなということを学ぶことになりました。

それが非常に嫌だったので、２０１１年に日体大に異動しました。日体大というのは、入学式に**森喜朗**＊元首相が来賓としてきます。今年、箱根駅伝で日体大が

＊森喜朗
１９３７年～。日本の政治家。第85・86代首相。自民党政調会長、同幹事長、総務会長、総裁、建設大臣、通産大臣、文部大臣などを歴任。

優勝しましたが、学長と学生が安倍首相にあいさつに行って、駅伝の祝勝会の時も安倍首相からビデオメッセージをもらっています。いまの理事長は**松浪健四郎**＊さんということで、右翼的な大学なのです。ところが、前校と比べると非常に居心地が良いのです。そういう人たちはまったく陰湿ではなくて、おかしな締め付けがなくて、私も自由にモノが言えます。

❖憲法と国民

前田　日本国憲法における国民概念はいかがでしょうか。

清水　国民の概念ですが、日本国憲法については様々な批判があると思いますが、憲法制定にはたしかにＧＨＱが草案を作りまして、それについてのコメントはいろいろとしなければなりませんが、当初はまず英語で案を作って、その時に〝people〟という単語を使います。それを訳すと「何人《なんぴと》も」とか「人民」となります。一番適切なのは「人民」だと思うのですが、当時の日本政府はその表現を嫌って、「国民」に変えたわけです。もともと、憲法で当初の〝people〟の意味では、日本国籍を持っていない人を含む日本に住んでいる人の人権保障を考えて起草していったわけですけれども、政府が「国民」という言葉を当てて、意図的に外国

＊**松浪健四郎**
１９４６年〜。日本の政治家。衆議院議員、自民党副幹事長を歴任。日本レスリング協会副会長、日本体育大学理事長。日本体育大学卒業生で、アマチュアレスリングの選手権保持者。

人を排除するというやり方をやったわけです。たしかに、外国人に憲法上の権利・自由をすべて保障できないのは当然であって、各国で入国の自由は規制されるし、あるいは社会権や参政権を外国人に全面的に保障しないというのは世界共通の問題なのです。

もちろん考え方は国によって個別に違いますが、一方で、すべての権利自由を外国人に保障できないとはいえ、ほとんどの権利自由が外国人に適用されるということは諸外国の常識であって、参政権においても、ヨーロッパを中心に地方レベルではもうすでに一定の要件を満たせば保障しています。日本でも生存権など社会保障については外国人であっても保障するわけです。その中で、あるいは不法に日本に入ってきた外国人でさえ、**憲法一八条***の奴隷的拘束を受けない権利という権利自由は全面的に受けるものです。どういう権利自由をどういう外国人に保障するのかということは、その外国人のタイプにもよりますけれども、外国人に憲法上の権利自由を全く保障しないということはありえないことです。その中で先ほど金さんが言われたような二重基準の話ですが、やはり税金はしっかり取っておきながら、日本に住んでいる在住外国人の、しかもその中でも朝鮮系の子どもたちに教育を受ける権利を保障しないというのは、これは明らかに差別であり、憲法上許されないことだと思います。

***憲法第一八条**
何人も、いかなる奴隷的拘束も受けない。又、犯罪に因る処罰の場合を除いては、その意に反する苦役に服させられない。

四宮　税金だけ払えばいいということではないと思うんですよ。やはり日本国に対する忠誠心というか、日本国憲法を順守することは必要です。日本国憲法には天皇は国民の統合の象徴であるとあるわけですから、天皇を誹謗中傷するというのは困ります。日本に対する忠誠心ですね。それから、国防の義務、兵役もあります。「日本の国のために日本を守る」という意思がないと、日本国民と同等の権利をすべてにおいて保障するというのは無理だと思います。たとえば、韓国・北朝鮮・中華人民共和国との戦争がいまゼロとは言えなくなってきていますから、そういう意味において、どちらに忠誠心を持つかということは、在日の方々についても、非常に重要な問題になってくるのではないかと思います。清水さんのお話も、法律的にはたしかにある程度は肯定できますけれども、心情的には疑問を感じるというのが偽らざる私の感想です。

前田　そうであれば、朝鮮人は全て免税にしようと主張してもよいことになります。

四宮　それは極論です。それから、清水さんの前半のお話は非常に重要でありまして、私も、民主主義人民共和国とか人民共和国とかいう国ほど、人民の権利が保障されていない国はない。やはり、左翼が革命を起こした後、それが非常な権力国家になって人民を苦しめるというのは歴史的事実です。日本共産党の現実、いままでの歴史を見ても、激しい党内争いが繰り返され、１０２歳の党首が除名されたりしています。共産主義思想というものはいかにおかしいかということは歴史と現実が証明していると思いますので、本当の意味の民主主義、本当の意味での人民のために、そういうのが大事だと思います。人民を苦しめてきたのが共産国家だと思います。

❖民族主義とは何か

前田　いまおっしゃった「本当の意味での民主主義」や、「正しい民族思想」「あるべき国民」というのは重要で、その言葉の中身がとても問題になります。それぞれみんな違うイメージで語っていて、ある時には大激論になるし、ある時には世界では殺し合いになってしまうわけです。そのあたり、一水会の民族主義をどのように整理されているのでしょうか。

鈴木　日本人はみんな日本に対して忠誠心を持つべきでしょうか。そういうことを求めるべきではないのではないでしょうか。たとえば、自衛隊が日本を守る時に、自衛隊を支持する人は守るけど、支持しない人は守らないとかいうことはないですよね。みんなを守っているのだから。だから、忠誠心とか国防の問題というのはまた別の問題ではないでしょうか。**三島由紀夫**[*]は「国防は我々の名誉ある権利

＊三島由紀夫　1925～1970年。作家。代表作に『仮面の告白』『潮騒』『金閣寺』『鏡子の家』『憂国』『豊饒の海』『鹿鳴館』など。民兵組織「楯の会」を組織し、1970年11月25日、自衛隊市ヶ谷駐屯地で自衛隊にクーデタを呼び掛け、割腹自殺した。11月25日は関係者の間で憂国忌とされている。

である。義務にすべきではない」と言っています。徴兵制を敷くと「汚れた義務」になってしまう。私もそれには賛成です。だからこれから、たとえば九条を改正して国防軍を作って、若者はだらしないからみんな兵隊に入れろとか、アメリカの戦争に協力しろとかいうことになったら、却って自主憲法を作ろうといいながら、アメリカに追従する憲法になってしまうのではないかなと思っています。

前田　「汚れた義務」というのは凄い指摘ですね。三島由紀夫の文化論、天皇論の射程はどこまで及ぶのでしょうか。逆に言うと、他民族の主体性の問題です。

木村　一水会のナショナリズム論というのは、各民族の主体性を尊重するのが基本原則です。だから、我々日本民族の主体性も尊重されなければだめだし、朝鮮民族の立場も尊重します。近代的な法律概念における国民国家の縛りの中で、生活者としての権利と、自然的、自分の帰属意識における民族主義——民族ということでいえば、自然的な帰属性の朝鮮民族は、私は生存権も認めているし、尊重もしています。近代的国民国家の中における法律の概念として、在日の方々はどういうふうに処遇するのかということは、当然、大和の国ですから、そういう人たちが歴史上の中で存在しているわけですから、学校の中で民族教育をやることも、私は尊重します。あとはどういうふうに暮らしていけるか。たとえば在日韓国朝鮮人で、日本の選挙権を獲得しようとする人たち、韓国の民団系の方々が選挙権、いらないということを主張しています。一方、朝鮮総連系の方々は、地方参政権*がほしいということを主張しています。それはなぜかというと、朝鮮民族の立場を守り誇りを持っている。この姿勢は非常に評価しますし、敬意を表します。民団のような方々が地方参政権が必要だということも、韓国の朝鮮民族としての立場はどうかということもありますけれども、こちらは市民的権利の要求として主張しているのです。朝鮮の方々は民族の立場を守ろうとされている。ここに対してどういう対応するのかということが迫られているのだと思います。

前田　木村さんは朝鮮訪問歴がありますが。

木村　北朝鮮に2度訪問しました。1度は16年位前に「よど号」の田宮高麿*さんがご存命の時に招聘いただきました。もう1度は6年前に鈴木さんと一緒に朝鮮の平和研究所に呼ばれて、様々な議論をさせていただきました。その時に初めて日本人の北朝鮮地域における残留遺骨の遺族の方々の墓参訪問の提案と拉致問題の解決の糸口が何かないか、と先方と話しました。そして、早い段階でそれらの問題を解決して、日朝国交正常化をしたい、2002年9月17日の日朝平壌宣言*を早く履行するための下準備をどんどんしていくべきではないかと話しました。

というのは、6年前に行って日本人の残留遺骨2万2000人の慰霊と、ご帰還を提案しました。民族派がそういうことを言って、先方がその提案を受け入れ

＊**地方参政権**　日本国憲法では参政権は国民に限定されているが、地方自治体の選挙権については定住外国人にも権利を付与するべきだと言う議論がなされてきた。西欧諸国の自治体において外国人参政権を認める例があるが、対象となる選挙をどのように決めるか、定住者・永住者の範囲をどのように定めるかなど多様な議論がある。

＊**「よど号」の田宮高麿**　1970年3月31日、共産主義者同盟赤軍派が起こした日本航空機よど号ハイジャック事件は日本初のハイジャック事件である。犯人グループは朝鮮への亡命を求め、よど号は韓国を経て、朝鮮

てくれて、今日、それが実現しているのです。日本の遺族の方々から「やっと朝鮮を訪問して遺骨に線香や花を手向けることができて、これで死ぬことができます」と先日、参議院議員会館で行った会合で言っていただいて、私は本当に活動してきた甲斐があったなとつくづく思いました。だから、言うべきことは言わなければならないですが、戦後処理の問題をどういうふうに進めていくのかということはいろいろと議論していけばと思います。向こうは非常に硬い体制ですから、そしていわゆる官僚社会ですから、そういう決定を上にあげて、上から決定が下りるまでは多少時間がかかるかもしれない。しかし、それをやっていくことによって、いろいろな問題に波及して喉に刺さった棘が取れていくものではないかなと思います。

❖棘を抜く努力

前田　お互いに棘にしがみついているので、棘を除去していくための努力を一つ一つ積み重ねることですね。

木村　ヘイト・スピーチのことでいえば、憎悪表現ということでいろいろなことが起きていますが、新大久保や鶴橋でがんがんやっても、自己満足になったり自己

に飛んだ。リーダー田宮高麿以下「よど号グループ」9名は朝鮮に亡命した。田宮ら3名は朝鮮で死亡。帰国した2名も既に亡くなり、現在、朝鮮に4名が在住している。

＊日朝平壌宣言　2002年9月17日、平壌を訪問した小泉純一郎首相が金正日国防委員長との首脳会談で調印した宣言。植民地支配の過去の清算、日朝国交正常化、拉致問題の解決などが盛り込まれた。

快感指数は上がるかもしれませんが、現実の戦後処理や政治を動かすという原動力にはならないと私は思います。むしろ、民族派という思想や立場を持っていれば、相手を尊重しながら、議論をして様々な問題をどのように解決していくのかということを考えなければいけない。朝鮮の側にも理解していただかなければならないし、きちんとした認識を示して、拉致問題などでも感情的な態度だけではだめで冷静さと、同情心の効果が排除の論理になってしまっている。こんな空気をつくってしまう可能性があることを認識してもらいたいですね。

前田　外国人参政権問題と在朝日本人遺骨問題をどのように解決していくのかということが議論されていますが、金さん、いかがですか。

金　参政権問題に関しては、総連、民団で立場は違いますし、総連でも民団でもない韓統連という団体も参政権に関しては消極的であったりと、様々です。世代間でも意見が分かれやすいところかもしれません。非常に議論のあるところではあります。国民としてどこの意思形成に参画していくのかということと、住民として地域社会に参画できるのかどうかということ等の議論もやはり続いているのではないかと思います。

ただ、総連の中で参政権に対して消極的な考え方が強くある理由としては、植民地時代の教訓があります。当時、日本の戦争戦略に協調していこうという人間、いわゆる「**親日派***」ももちろん出てくるわけですね。そういった人たちが当時、日本の国会議員になったりしたことがありました。ですから、民族的な自主権とか朝鮮人としての権利というものがない、尊重されない中で政治的に利用されてきただけではないかという過去の反省から、参政権に対しては慎重に考える、まずは民族的なアイデンティティが尊重される社会があって、その上での参政権が論じられてしかるべきではないかという見方になるのです。

前田　木村さんが取り組んだ在朝日本人遺骨問題はいかがでしょうか。

金　木村さんたちのご尽力で前進したことは非常にいいことだと思っています。清津と平壌の竜山の地域に訪問されていますよね。竜山への訪問団の団長をされた佐藤知也さんという方がいます。私は直接お会いしたわけではないのですが、彼が書かれた『**平壌で過ごした十二年の日々***』という本がありまして、それを数年前に読んで感銘を受けました。佐藤さんは植民地期から、日本が敗戦してからも2～3年平壌に残ってらっしゃるんですね。なぜ平壌に残ったかというと、朝鮮半島は昔から南は農業地帯で北は工業地帯だったんですね。北には重要な工場がたくさんあったので、その工場の技術者として日本人がたくさん入ってきていました。日本人は戦争に負けて引き揚げるのですが、日本人がみんな引き揚げてしまうと北にある工場が回らなくなるので、技術者を中心にしばらくの間残ってほ

＊**親日派**
一般には日本に友好的、あるいは日本びいきの外国人を指す言葉だが、朝鮮半島では、日本の植民地支配に協力したり、植民地支配を正当化する言説を行った人物を指す。反民族的な人物を指す言葉で、日本で言う「非国民」に近い。1948年、韓国では反民族行為処罰法が制定されたが実効的ではなかったとされる。2005年には「親日反民族行為者財産国家帰属特別法」が制定された。

＊『**平壌で過ごした十二年の日々**』
佐藤知也著。2009年に光陽出版社から出版。敗戦によって日本植民地支配が終わった直後、朝鮮建国にむけて日本人技

しいと、当時の北の人民委員会からお願いされて、数名残ったそうです。そういった人たちが日本人会を作っていきます。

そこでは帰れない人をどのように帰していくのかという話がまずあります。もう一つは自分たちの子どもたちへの教育なんです。日本語や歴史をどのように教えていくのか。そこで清津にも平壌にも日本人学校ができました。佐藤知也さんはそこの生徒であり、中学生に上がると小学生の生徒に授業を教える代用教員にもなられたそうです。そして、その日本人学校は当地で行政からの手厚い支援を受けたといいます。そのような経験が記されていて、なかなか感動する話が多いです。ですから朝鮮と日本の間には非常に不幸な歴史がありましたが、佐藤知也さんも書かれているように非常にいい付き合いもありました。そういうものをもっと紡ぎだしていく、そういったものに光を当てていくということが非常に大事なのではないかなと思います。そういう意味で、現在日本と朝鮮は険悪な関係ですが、険悪なのはすべて制裁だとしていくのではなく話し合いをしていくことだと思います。そういった環境作りが非常に重要になってくると思います。

前田　清水さん、参政権について補足をお願いします。

清水　参政権については、最高裁も地方レベルで在住外国人に参政権を認めることは立法さえ作れば構わないということで、あとは国会に委ねられていると思いま

術者が必要とされた。38度線で南北が分断され、やがて朝鮮戦争へと突入していく情勢のなかで翻弄される残留技術者と家族たちの日々を描いた著作。

す。世界の流れからすると地方レベルで在住外国人に参政権を認めることは一般的な流れですので、私も日本においても地方レベルで在住外国人の参政権を認めていいと思います。実際に日本人だってドイツの市議会議員になったりしているわけで、グローバルな形で国境を越えていろいろな国の人たちがあちこちに移って住むという社会が今できているわけですから、そういう中で、そこに住んでいる以上その地域の政治についてモノをいうのは当然です。まずは地方レベルから外国人に対して参政権は認めるべきだという立場です。ただ、一方で、グローバル化が進めば進むほど、自分のアイデンティティがあるのでそれを失ってほしくないです。

前田 先ほど、朝鮮大学校学生も日本化しつつあると懸念されていましたが。

清水 朝鮮大学校学生は、やはり自分が朝鮮民族だという意識を強く持っています。言葉だけではなく様々な伝統芸能の活動も取り組んでいて、今の日本の若者と比べると、本当に自分の民族を大切にしているなと痛感しています。こういうことを言うと、「清水は実は右翼なのではないか」と思われるかもしれませんが。

前田 清水さん、一水会に入れてもらったら（笑）。

木村 歓迎しますよ（笑）。

清水 たしかに今の日本を見ていて、日本人というのはいろいろな民族、系統の人が集まった国であるとはいえ、たとえば世界でこれだけ柔道が弱いというのは心情的には非常に情けないと思います。「**なでしこジャパン**＊」みたいにスポーツ選手が世界で活躍していますが、世界で活躍する日本人が、日本人＝黒髪ではありませんが、もともと黒髪である日本人が髪の色を染めるというのは許せないんですよ。茶髪金髪にするのは白人コンプレックスの裏返しだと思うので、黒髪なのに茶髪金髪にするというのはもう白人に負けているのですよって言いたくなります。そういう人たちが世界のスポーツで活躍するということは非常に恥ずかしいと思います。私からすると黄色人種としての誇りというか、アイデンティティを失った状態だということで、そういう人たちを見るとイライラする（笑）。だから、私は学生にも言います。**壇蜜**《だんみつ》＊などは黒髪で新鮮な気持ちになりますよね。

前田　壇蜜ですか、みんな知らないですよね（笑）。

清水　自分のアイデンティティというか、日本人＝黒髪じゃないですが、もって生まれた特性になるのだから、そういうのはグローバル化が進めば進むほど大事にしてほしいなと思います。一応、政治的には左なのですが、小中の時に剣道とボーイスカウトをやっていましたし、中学で野球をやって、高校では應援團に所属していましたので、気質は右なのかなと思ったりしています（笑）。

前田　茶髪のことは小さいようで、結構見解が分かれると思います。

＊なでしこジャパン
サッカー日本女子代表の愛称。男子チームをさむらいジャパンと呼んだことから、なでしこが用いられた。２０１１年、ＦＩＦＡ女子ワールドカップで優勝するなど世界で活躍している。

＊壇蜜
タレント、女優。グラビアモデルとして活動を初め、トレードマークの長い黒髪と妖艶な雰囲気で人気を集める。

四宮　今日の時点では、北朝鮮も韓国も日本と本気で戦争する気はないと思います。現在、ヘイト・スピーチやデモの問題が出ていますが、マスコミがなぜか大きく取り上げています。しかし、東京や大阪で10万、20万の日本国民がデモをやって朝鮮人韓国人を見たら殴ったり蹴ったり、朝鮮人が住んでいる地域に行って焼き討ちを行ったのならともかく、新大久保や鶴橋の一角で週1回や月2回くらいデモがあってちょっと過激な言動があったからと言って、まるでナチスがユダヤ人を虐殺したかのように報道するのはおかしいと思います。たしかにデモで行き過ぎた言動があったのはいけないと思いますが、それにはそれの原因があって、暗に日本の領土が危ないとかそういう問題があってああいう動きがあるのだろうと思います。たとえばナチスのユダヤ人迫害のようなものは民族殲滅という大問題ですが、現在日本で行われている反韓国、反中、反北朝鮮、そういう動きが民族差別のたいへんな問題だと大新聞が騒いでいるのもおかしいし、「**しばき隊**[*]」といってそこにいて騒ぐのもおかしいし、もっとおおらかな気持ちで見たほうがいいんじゃないかなと思います。

前田　被害者の多くがしばき隊やプラカ隊に感謝しています。彼らのおかげでヘイトデモが鎮静化に向かいました。

四宮　もう1つ申し上げたいのは、朝鮮の方々を差別する演説を私はしたことがあ

＊「**しばき隊**」
レイシストをしばき隊。新大久保などで行われたレイシストによるヘイト・スピーチなど差別街宣に対して、差別に反対する市民の力を結集するために集まった市民グループの代表的存在で、２０１３年２月に結成されたが、同年10月、ＣＲＡＣに再編成された。

りません。むしろ、数年前に朝鮮高校の女生徒がいじめられたという話が新聞に載ったことがありましたが、日本人が本当に朝鮮人を憎いと思っていたら、朝鮮人の女生徒は街を歩けなかったと思いますよ。いま、なぜかチマチョゴリがなくなって歩いている女生徒がいなくなった。私たちの年代は朝鮮高校と国士舘がよくケンカをした、そういう年代でしたが、私がよく行く焼肉屋さん、北朝鮮系の焼肉屋の冷麺をおいしくいただきました。たしかに政治問題では何度か北朝鮮を攻撃したり批判したりすることはありますが、日本に住んでいる朝鮮人や韓国人の方を、ただそれだけの理由で迫害したりいじめたりすることは、私は絶対に反対だということは申し上げておきます。

❖安倍政権の軍事路線

前田　ヘイト・スピーチは単なる言葉ではなく、集団で押し掛けて誹謗中傷し、相手を社会から排除しようとする暴力的行動ですので、四宮さんがおっしゃる通り迫害であって、許してはいけない行為です。さて、安倍政権の軍事化路線について清水さんにお願します。

清水　安倍政権は軍事大国化と新自由主義改革を行うということが非常に大きな柱

ですが、新自由主義改革については非常に変則的で、「三本の矢」政策の中に公共事業をするための財政出動がありますが、あれが新自由主義とは矛盾する部分があるのですが、それはみなさんに言うまでもなく、本当は財務省も財界も消費税をあげることが優先課題で、公共事業のための財政出動には反対なのですが、とにかく消費税を上げたいので、「三本の矢」政策についての批判を抑えているということがあります。これで参議院選挙も勝ちましたので、安全運転をやめて安倍政権がやりたいことをやっていくと思います。

いまの安倍政権を見ていて思うのは、軍事大国化といっても、実際には軍事産業を儲けさせるのと、アメリカと一緒に戦争するというか、アフガン・イラク戦争がそうですが、アメリカが戦争するときに協力してその旨味を吸うというところで、純粋な日本の安全保障の観点がありません。その点で、思想的に情けないと思いますし、新自由主義に関しても、ＴＰＰに参加すれば一番打撃を受けるのは農業です。そういう点で言いますと、いきなりの全面的憲法改正はありませんが、安保法制懇（安全保障の法的基盤の再構築に関する懇談会）を再開して**集団的自衛権**＊行使を認めるようにするとか、あるいは２０１２年７月に自民党が**国家安全保障基本法案**＊というものを発表しているので、それを国会で通そうとすると思います。

＊集団的自衛権　ある国家が武力攻撃を受けた場合に直接に攻撃を受けていない第三国が協力して共同で防衛を行う国際法上の権利。憲法第九条との関係で、日本政府は一貫して「日本は集団的自衛権を行使できない」としてきたが、２０１４年７月１日、安倍政権は突如として集団的自衛権行使を認めると閣議決定し、長年にわたって積み重ねられてきた政府見解を覆した。

＊国家安全保障基本法案　２０１２年７月、自由民主党が発表した法案で、政府は安全保障施策の総合的計画的推進のため基本計画を策定するとし、政府は毎年国会に安全保障環境の現状や施

前田　原理原則抜きに、手当たり次第というか、手を変え品を変えて動いています。

清水　１９８０年代の大平政権のときの総合安全保障論と比べると、いまの自民党政治家というのは本当に思想がないといいますか、レベルが低下したと思います。どういうことかというと、**大平政権の総合安全保障論***というのは70年代の２度のオイルショックを受けて、これからの安全保障というのは単に軍事の観点だけではなく、経済や文化の観点からも幅広く考えようという形で提案したのです。ところが、自民党が昨年発表した国家安全保障基本法案を見ると、軍事的手段だけでなく非軍事的手段によっても間接的直接的な侵害・脅威に対処すると書いてありながら、自衛隊には触れても、警察や海上保安庁に関しては何も触れていません。自衛隊に関する軍事の安全保障の観点はあるのですが、経済安保や食糧安保、エネルギー安保に関しては何も触れていません。基本法案といいながら、食糧安保やエネルギー安保に関して全然触れていないということは、本当に思想がないといいますか、その場しのぎの提案に過ぎないのではないかと思います。

というのも、ＴＰＰに参加したら農業は壊滅的な打撃を受けて、ただでさえ日本の食料自給率は40％なのにこれがもっと下がってしまうわけですよね。あるいはエネルギー政策についても安倍政権によって原発再稼働が進められようとしていますが、これもひとたび事故が起きれば非常に不安定な状況になってしまいま

策、防衛計画について報告し、国連憲章に定められた自衛権の行使は必要最小限度としつつも、集団的自衛権を認める内容。戦争をさせない１０００人委員会編『すぐにわかる集団的自衛権ってなに?』（七つ森書館）参照。

***大平政権の総合安全保障論**　１９８０年に公表された大平正芳総理の政策研究会総合安全保障研究グループによる報告書で、高坂正堯（京都大学教授）が中心となって執筆した。国民生活をさまざまな脅威から守るための努力として、脅威そのものをなくするための、国際環境を全体的に好ましいものにす

すし、3・11の後に明らかになったように、一度原発が事故を起こすと日本の美しい国土は破壊されてしまうわけです。あるいは地方の田園風景もTPP参加によって失ってしまうわけです。そういった意味で、原発再稼働やTPPの参加は、当然左翼も反対しますが、右翼も反対しなければいけないと思っています。

前田　**自民党改憲案***はいかがでしょうか。

清水　ご存じのとおり、日本国憲法は公共の福祉によって人権を制限することがある。その場合の公共の福祉というのは、人権と人権がぶつかった場合に制限する論理なのですが、自民党の改憲案では、公共の福祉を「公益及び公の秩序」に変えてしまうわけです。そうすると、国家的な理由で国民の人権が制限されてしまいますし、自民党改憲案二一条の中には、公益及び公の秩序に反するような結社を否定する規定があるわけです。ということは、現にいま公安警察などが朝鮮総連や一水会を監視対象にするのは非常に不当なことだと思いますが、自民党改憲案が通ったら、それこそ朝鮮総連や一水会は結社禁止されかねない、そういう側面があります。そういった意味では、右も左も一緒になって反対しなければいけない問題が、原発にしろTPPにしろ改憲案にしろたくさんありますので、そういう意味では政治的な立場を超えてまともな反対意見を上げていかなければいけないのではないかなと思っています。

る努力、脅威に対処する自助努力、及び、その中間として、理念や利益を同じくする国々と連帯して安全を守り、国際環境を部分的に好ましいものにする努力、の三つのレベルから構成されるとした。

＊自民党改憲案　2012年に自民党が発表した憲法改正草案。憲法前文の全面改正、天皇の元首化規定、自衛隊を国防軍に改組、集団的自衛権明記、基本的人権の大幅制限、緊急事態規定、国民の憲法尊重義務規定、憲法改正要件の緩和等から成る。憲法とは何かについての理解が近代憲法の常識を踏み外していることで大きな話題

前田　ありがとうございました。それでは四宮さん、お願いします。

四宮　日米軍事同盟に関しては、日本の自主国防体制が確立するということを第一に考えておりまして、それが確立した段階で自動的に日米軍事同盟というものはなくなるし、なくさなければならないと思います。たしかに日本の国の中に、特に沖縄にあれだけの米軍基地があること自体非常におかしい問題であり、それを解決するためには、まずは日本が軍事的に自立しなければならない。政治的にも経済的にも自立を確保しなければならない。それは我々が目指しているのが平成維新であります。

前田　自主独立と維新がセットですね。対米追随主義者の「維新」とは違う。

四宮　現実的に日本がすぐに安保を廃止して米軍は出ていけということになるとどういうことになるのかというと、大変大きな問題になるので我々はすぐにそういうことは主張しておりませんが、木村代表は、反米闘争、統一戦線義勇軍という運動をされておられたし、現在もしておられると思います。そういった意味では、民族派の中にも安保即時廃止という意見がある。いずれにしましても、私たち日本人は基本的には世界平和、東洋の平和、そしてあらゆる民族と調和していくというのが日本人の本来の姿勢であるし、そういった意味では日本に多く住んでいる在日朝鮮人の方のみならず、日本に住んでいる多くの外国人と手を結んでいく

となった。奥平康弘・愛敬浩二・青井未帆『改憲の何が問題か』（岩波書店）参照。

のが、天皇国日本の本来の在り方であると思います。日本という国の我々の本来の在り方というものをこれからも学んで進んでいきたいと思います。

前田　今日は和気あいあいと進んできて、これでいいのかと思いますが（笑）。金さん、お願いします。

金　私の息子は十条の東京朝鮮学校に通っています。サッカー部なのですが、少し前に「サッカー部通信」を見て驚きました。練習試合のスケジュールが載っています。いま日本の学校との練習試合が非常に多くて、それは知っていたのですが、なんと国士舘高校との試合が2回あるのです。時代は変わったなと思いました（笑）。

前田　宿敵とフィールドでまみえる（笑）。

金　昔は朝鮮学校は日本の体育大会にも出られませんでしたので、自分たちの力を誇示するのは喧嘩しかないという時代もあったとは思いますが、高体連（全国高等学校体育連盟）でも1990年代に差別がなくなって、インターハイ等々に出られるようになりました。各地の朝鮮学校のラグビー部やボクシング部は大活躍しています。そういうところで勝負するようになりまして、そうすると学校でタバコとかを吸っていると大会に出られなくなるということで、非常にいい意味で朝鮮学校も変わってきています。日本社会が開かれてきたこともありますし、朝鮮学校もいろいろな学生を輩出してきております。

先ほど朝大卒業生が弁護士になっている話もありましたが、スポーツの世界でも今たくさん活躍しています。サッカーでも数名います。**アン・ヨンハク選手***がいますが、彼はJリーガーとしても活躍し、朝鮮民主主義人民共和国の国家代表選手でもあり、一時期はKリーグという韓国のリーグでも活躍していました。彼がインタビューで語っていたのですが、北に行けば南はどうだ、日本はどうだ、と質問攻めにあう。南でも北は同じことをいわれ、日本でも同様のことが起きる。自分はそのような立場にいるということを非常に面白く感じていて、自分が北の人には南のこと日本のことを少しでも教えられる。他の場所でもそうで、そういった状況を非常にポジティブにとらえているんだ、と言っていて非常に感銘を受けました。こういう人間が多く出てくることが、今日話してきた課題を解決するうえでも非常に重要になってくると思います。

たしかに朝鮮学校はまだまだ多くの人に知られていないということがあります。もちろん朝鮮学校でも総連組織でも改善すべき点はあると思っています。だからといって差別するということの正当事由にはならないと思っています。そして差別をなくすためには私たちもより知ってもらうための努力をしていきたいと思います。そういった意味でも、ぜひ鈴木さんや木村さんたちもご招待したいと

＊アン・ヨンハク（安英学）
朝鮮籍のプロサッカー選手。東京朝鮮学校を卒業。2002年、アルビレックス新潟に入団し、05年、名古屋グランパスに移籍。06年にはKリーグの釜山アイパーク所属。02年に朝鮮代表チームの選手に選ばれ、FIFAワールドカップに出場した。

思います。

鈴木　私も新大久保の100人程度のヘイト・スピーチは無視していいだろうと思っていました。右翼の人は大半がそう思っています。あそこまで落ちて話し合いをする必要はないし、放っておけばなくなるだろうと思っていました。しかし、韓国のKBSテレビや中国のテレビから取材を受けたら、日本ではテレビではやってないけれども、中国や韓国ではメディアで大々的にやっています。鶴橋の女子学生の「鶴橋大虐殺をします」という発言で世界中が凍り付いている、と。世界中が、といったんですよ。そういった意味では無視できないし、彼らのやり方がうまいんですよ。日本の恥だと思いますが、その人たちの宣伝が成功してしまった。それで日本に対する見方がどんどん悪くなる。我々日本人なら、あんなのはほんの一部だとわかりますが、世界に流されたら、ものすごく大きな形で日本人がやっていると誤解される。さらに、言いたくはないのですが、中国や韓国で反日的な運動をする人たちは、これ幸いと利用するわけです。そういった意味では不幸なことだと思います。

　靖国神社で軍人の格好をした人たちが8月15日に行進するのもそうです。私たちから見たら普段はそういう人たちは歩いてないのだから笑って過ごせばいいけど、アジアの人たちから「また日本は戦争しようとしているのだろう」と見られる。そしてまた反日バッシングされますからね。

前田 間違ったメッセージを出していることになる。中国の「反日デモ」の時も、一部の出来事をあたかもすべてであるかのように報道しています。

四宮 レイシズムという言葉は、日本語で言えば人種差別・人種主義のことだと言います。歴史上もっとも典型的な人種差別は、白人による有色人種に対する差別・迫害です。オーストラリアや北米・南米における先住民殺戮・迫害、黒人奴隷の売買・使役、ユダヤ人迫害・虐殺などのことを指します。規模が大きく計画的で、長期間に及ぶレイシズムが人類発生以来存在してきました。

アジアにおいても「中華」を自称する民族による他民族の差別・迫害がもっとも顕著、大規模であり、長期間に及びました。有史以来と言って良いのではないでしょうか。さらに、共産党政権、「共産支那」によるチベット侵略・支配によって120万人のチベット人が命を失ったわけです。人口の5分の1と言われます。東トルキスタン侵略・支配によって、「計画生育」という名目で850万もの強制中絶が行われました。同地では50回もの核実験が行われ、75万もの人々が放射能被爆したと言われます。

前田 「支那」という言葉を日本人が用いると、中国の人々の神経を逆なでする面があります。歴史的に用いられてきた言葉ですし、東シナ海・南シナ海と呼んできたのですが、現代史の中では、日本による中国侵略と重なって受け止められます。

四宮　では、不本意ですが、「支那」という言葉を用いるのはこの討論では止めましょう。「小中華」と呼ばれた韓国・朝鮮も他民族に対する差別をしてきました。ベトナム戦争の時、南ベトナムに派兵された韓国軍による虐殺はよく知られています。ベトナムでは村ごとに「ダイハン（大韓）の残虐行為を忘れまい」と碑を建てているそうです。こうした歴史を抜きにアジアにおけるレイシズムを考えることはできません。

前田　米軍のアジア戦略のためにアジア人同士が殺し合いをさせられた歴史でもあります。日本に引き戻して、レイシズムの問題をどうお考えですか。

四宮　わが国は今日、中国によって尖閣諸島と沖縄に対する侵略・進出の危機にさらされています。韓国によって竹島を奪われています。朝鮮によって日本人が拉致された歴史があります。ですから、日本において、中国・韓国・朝鮮に対する抗議運動が行われているのは当然です。新大久保や鶴橋などのごく限られた地域で、わずかの日本人が行っている反中国・韓国・朝鮮デモの中で一部過激な言動があったからと言って、それをレイシズムと決めつけることはできません。

前田　非常に悪質な民族差別に見えますが、政治的な抗議行動の一環であることと、一部の地域で行われた一部の言動に過ぎない、ということですね。

四宮　行き過ぎた言動は止めるべきであることは言うまでもありません。しかし、在日コリアンを虐殺したわけでも、仕事や旅行で来日した中国人を迫害したわけでもありません。暴力的な迫害が行われたとは聞いたことがありません。抗議行動の一環としてのデモをレイシズムと決めつけるのは誤りです。

前田　日本とアジアの不幸な歴史の中で、誤解や差別に基づくさまざまな事件が起きましたし、現在も起きているのではありませんか。

四宮　日本人は、国家的危機に瀕した時に、日本を侵略しようとする他民族他国家と果敢に戦いました。しかし、特定の民族・人種に対する計画的、長期にわたる迫害や殺戮は全く行っていません。

鈴木　そういった意味では、日本の現状が誤解されている。また、日本人の思っていることが伝わっていない。だからもっと民間人が言ってもっと話し合う。政府やマスコミもやるべきです。私が不思議に思ったのは、韓国や中国の人から取材を受けたら、「日本でもそういうふうに言っている人はいるんですね、それはありがたい」と言われました。ただ、最後に「でもそれだけじゃ面白くないので、もっと過激な右翼を紹介してください」と言われました。向こうでも仲良くしたいといいながら、もっと過激な団体の発言がほしいというのは、ちょっと違うだろうと思いました。マスコミレベルや政治家レベルが内向きだから、政治家が特に安全圏にいて愛国者に見られたいと、そういうのは違うのではないかなと思いますので、我々がもっと声を上げていくべきではないかと思います。基地のことを言われていましたが、木村代表は日本の基地からアメリカは出ていけ、自衛隊が守るべきだと言っています。

木村　基地問題では、私たちは民族派では少数でしたが、**池子の米軍住宅建設***に反対して逗子に頻繁に通いました。当時、逗子市長は**富野暉一郎***さんという方だったのですが、その方ともいろいろ話したり、デモもしました。日の丸を掲げてデモをして40人くらいで歩いたんですが、昼間は街宣車で米軍住宅賛成という人たちが活動され、地元の住人が「どちらも日の丸掲げていてどれがどれだかわからない」と言われたことがあります。昔ですから圧倒的に親米派が強い頃でこのような活動を潰されないで理解していただいて、我々の運動を見守っていただいた右翼の先輩方に感謝しています。我々は明確に米軍住宅建設反対という主張を出し、「自衛隊の住宅を建設せよ」と主張したのです。普通だったら「右翼のくせに米軍に反対だなんておかしいじゃないか」といわれてしまうのですが、鈴木さんや四宮さんがいらしたおかげで、活動が継続できたと思います。今日でも、米軍基地のことや沖縄のことは取り組んでいます。

***池子の米軍住宅建設**
1982年、逗子市（神奈川県）の池子弾薬庫に米軍家族用の住宅を建設するための調査通知が地元に示された。地元住民らは貴重な緑を持つ弾薬庫の返還を求めていたことから、住宅建設の受け入れをめぐり、歴代市長が市議会、県、国との間でこの問題に対応した。84年に条件付き受入れを表明した市長が辞職後、新たに当選した反対派市長が、工事を進める国と対立しつつ政治的決着を目指したが、市民の反対により調停案受入れはできなかった。後継市長は和解に方針を転換し、94年に国、県、市三者の和解が成立し、98年に住宅全戸が完成した。

前田　今後に向けてはいかがでしょうか。

木村　参議院議員選挙後の日本の動きですが、私はアメリカの下請けとなる集団的自衛権の行使は反対です。なぜならば日本が汗をかいて独立をしていく階段を上っていこうとしているのに、まったくそうならないと思います。アメリカの日本支配、向こうからいう「同盟関係」の維持はなかなかなくなりません。日本の政策決定者が沖縄問題といっても、アメリカが弓を引くとすぐ潰されてしまいます。ポチになってはいけないので、そういう人々が自覚して国民がアメリカのポチにならないような政権を選んでいくしかないと思います。

安倍政権は一見すると対米自立的なことを言っていますが、私から見るとＴＰＰも参加表明して交渉がどうなるかわかりませんし、情報の秘密を徹底していますので結果として日本を売り渡すような気がします。食べ物から医薬品、社会構造、いわゆる新自由主義という体制がどんどん入ってきたら、これは日本でありながら日本でないという状態になりかねないと思います。経済的に裕福になるかもしれないという非常に短期的な損得勘定で、実は日本の大事な背骨がすべてがたがたにされてしまうということになったら、とんでもないことです。

前田　安倍政権の実態は従来にも増してアメリカ言いなりですよね。「属国」とか「属領」と言われるくらいです。

＊冨野暉一郎
１９８４年11月、逗子市長に就任し、市民自治に基づく行政を推進するとともに、92年まで池子米軍住宅建設問題に取り組んだ。島根大学教授等を経て、99年から龍谷大学教授。地方自治論および地域経営論の研究を進め、地方自治を地球規模の新たな枠組みの中に位置付けするグローカリズムを提唱している。

木村　20年後の日本の未来を考える会という勉強会で議論したところ、ある経済に精通している方は「安倍政権は実は韓国の経済政策をまねているような路線を行こうとしている」と見ていました。韓国の経済政策はグローバリズムをどんどん受け入れて、一度は破産してＩＭＦの管理になったのですが、終身雇用ではなくて、大企業でも45歳くらいになったら定年になるという非常に大変な状況です。それが韓国経済が非常に悪くなっているもとなのですが、いいものだけ伸ばしていって悪いものは捨てていくというもので、総合政策ではないのです。単純な政策だと言いましたが、日本も新自由主義が来ると、自動車なら自動車がいきそうだということで伸ばしていくと、ひょっとしたらアベノミクスなるものはアベノリスクで、非常に危ないのではないのかということを指摘されていました。これもよく勉強しなければいけないなと思いました。

前田　アホノミクスとも呼ばれています。最後にまとめをお願いします。

木村　私も３・11後、週刊誌の『ＡＥＲＡ』で特集があった時に、日本が日本であるために、原発で「日本の麗しい国土を汚すな」という心情的な論理ですが、国土を汚しては大変だという論理でコメントさせてもらいました。原発事故原因がわかっていないのに、原発再稼働をなぜ早急に進めるのかという思いです。

各論ですが、**暴排条例***もオカシ過ぎます。私は今のような暴排条例の制定に反

***暴排条例**
暴力団の影響力を排除することを目的とする地方自治体の条例。２００４年の広島県及び広島市条例を契機に、各地で制定された。暴力団の定義があいまいであり、禁止事項が多岐にわたり、かつ恣意的な解釈が容易なため、市民的自由や営業の自由などに対する不当な侵害の危険性が高いという批判がある。

対してきました。実は参議院の内閣委員会で暴排条例の反対票を投じたのは、沖縄県選出の**糸数慶子**《いとかずけいこ》*議員だけでした。この人が反対票を投じてくれたことに非常に敬意を表しましたし、筋が通っているなと思いました。そういった意味では、各論で左右を超えて筋の通ることを言っていくべきです。そして、思い考え、学んで、動いていきたいと思います。

前田　みなさんどうもありがとうございました。以上で今日の討論を終わります。

＊糸数慶子
1947年〜。参議院議員。沖縄社会大衆党委員長。沖縄県議会議員を務めた。「基地・軍隊を許さない行動する女たちの会」を設立するなど沖縄の米軍基地問題等に取り組むとともに、選択的夫婦別姓、婚外子差別、共謀罪問題にも取り組む。

あとがき

❖安保法制をめぐって

本書編集中に生じた最大の変化は、2015年9月に国会で「成立」した安全保障法制です。今回の安保法制の評価について、本書執筆者の間には相当大きな対立があり、この論点だけで、もう1冊の著作を必要とします。

安倍政権は、東アジア情勢を含むグローバルな環境の激変を唱えました。実はアメリカの要請に従っただけということは周知のことですが、東アジア情勢に関する安倍政権なりの判断があることも確かでしょう。朝鮮半島の分断・対立と、中国・台湾関係の分断の上に、中国経済の発展に伴って軍事力も増強されてきました。尖閣諸島のみならず、西沙諸島問題を見ると、中国が力による現状変更を図っているように見える、ということです。さらに中東やアフリカの環境変化も射程に入れるならば、日本外交が従来通りというわけにはいかず、新しい世界情勢に機敏に対応していかなければならないことになります。

一方、自主防衛論者であれば、集団的自衛権行使そのものの当否は別として、今回の安保法制は、そこに至る経緯からしても、その内容からしても、ひたすらアメリカの言いなりになっているだけだ、と批判せざるをえません。日本独自の外交の余地はなく、物事はワシントンで決められています。ますます「属国」の度合いを深め、諸外国の笑いものになっていると言って過言ではありません。独立国家としての矜持も誇りも投げ捨てて、他国の子分・手下に甘んじる国が、いざという時に自国民を保護するとは信じられません。

もっとも、自主防衛論者の中には臥薪嘗胆《がしんしょうたん》派もいます。いまは実力でアメリカに到底かなわないのだから、アメリカの言いなりになることもやむを得ない。日米同盟でできることはやっておいて、その中で日本の実力を蓄えるのだ、という路線です。

他方、日本国憲法前文の平和主義と憲法九条の戦争放棄を尊重する立場からは、安保法制・集団的自衛権は、これまでの政府見解を無造作に投げ捨てて、アメリカの戦争に自ら巻き込まれたがることにほかなりません。東アジアに火種を持ち込み、日本国民を危険にさらす愚策ということになります。

憲法の平和主義・戦争放棄の立場と言っても、現実には長年にわたって日米安保条約があり、自衛隊が存在してきました。実は「平和運動」の中にも日米安保条約と自衛隊を容認している人が多いのが現状です。九条の会を強く支えてきた日本共産党でさえ、ずっと以前から自衛隊を容認していましたし、最近になって日米安保条約容認を打ち出しています。今回の安保法制は従来の体制の延長上にあるのであって、基本政策を大きく変更したとは言えないという主張は「平和運動」の一部と適合的ということになります。

また、現在は少数派とはいえ、戦後平和主義の基本的立場は、日米安保条約も自衛隊も認めない、明確な平和主義路線でした。この立場からは、個別的自衛権も憲法違反であり、まして集団的自衛権の行使容認は文字通りの憲法破壊であって、到底許されません。

このように安保法制については多くの分岐点があります。東アジア情勢の認識も複雑です。周辺諸国と日本の間の歴史認識や領土問題も必ず付随してきますから、事態はいっそう複雑です。

❖立憲主義と民主主義

安保法制をめぐっては、もう一つ、立憲主義という重要論点が浮上しました。本書本文でも若干言及しましたが、立憲主義とは近代民主主義国家の重要な原則です。憲法を制定して、これに基づいて統治を行うことを意味します。その第一の含意は「人の支配」から「法の支配」への転換であり、第二の含意は近代民主主義の形式と実質をともに満たす統治原則ということになります。

ところが、安倍政権は立憲主義を顧みることなく、「人の支配」を押し通したのではないかが問題になりました。

第一に、集団的自衛権行使は、憲法の平和主義からはるかに遠く隔たったものと考えられます。集団的自衛権を否定しないと解釈すれば、憲法九条はそもそも存在する意味がありません。

第二に、戦後の自民党政権の下で確立した憲法解釈を、一内閣の思いつきで勝手に変更したと考えられました。改憲論者として知られてきた小林節（慶応大学教授）や、特定秘密保護法に賛成の長谷部恭男（早稲田大学教授）でさえ、安保法制を違憲と断じました。圧倒的多数の憲法学者が厳しい批判の声をあげたことは言うまでもありません。元内閣法制局長官たちも、許されない憲法解釈であると批判しました。さらに、元最高裁判所判事たちからも異論が唱えられました。

安保法制を担当した安倍首相の側近は、「立憲主義などという言葉は知らない」、「法的安定性など考慮しない」という趣旨の発言を繰り返しました。「憲法などどうでもよい」と言ったに等しく、立憲主義の軽視であり、もはや民主主義国家の体をなしていないことが浮き彫りになりました。

もっとも、「立憲主義も絶対ではない」として、安倍政権を支持する見解もあります。

第一に、日米同盟にもまた半世紀を超える実績があり、積み重ねられてきた相互信頼の上に成り立っていますから、相互信頼の醸成にかなった措置を講じるのは当然という主張があります。

第二に、日本の国益や日本国民を守るために必要最低限のことを行うのは国家の責務であって、これまでは最低限のことさえ疎かにされてきたという見解もあります。緊急事態になってから議論したのでは間に合いませんから、東アジアの国際環境の変化を前にして、今のうちに冷静な判断をすることが必要というものです。

第三に、安倍首相が持ち出した「積極的平和主義」です。グローバリゼーションが進行した現在、日本は東アジアだけではなく、世界各地で生じる紛争の解決に一定の役割を果たすことが求められているので、個別的自衛権や集団的自衛権とともに、積極的平和主義の要請に従った行動をとる必要があるという見解もあります。

一方で、近代国家の民主主義や法治原則に合致した立憲主義をどこまで重視するのか、他方で、国民の平和や、諸外国の人々の平和を守るために国家は積極的に行動する責務を負っているのではないか、が問われています。

この論点についても、本書執筆者の間には見解の相違があります。やはり長時間の議論を要するテーマということになります。

ここから発する関連テーマとして、一点だけ、編者である前田の理解を提示しておくと、立憲主義の制約を認め、閣議によって自由自在に憲法解釈を変更するという離れ業は、さまざまな問題を意識させることになります。たとえば、憲法第一条をそのままにして、何ら変更を加えることなしに、天皇制を廃止することが可能であることになりました。

立憲主義を疎かにすることは、ファシズムとどこが違うのかということを、私たちは再度考え直す必要に迫られているのです。

なお、安倍首相の「積極的平和主義」については、平和学の常識に合致しないことが指摘されていますので、確認しておきましょう。

平和学の泰斗《たいと》ヨハン・ガルトゥングの「積極的平和・消極的平和」概念は平和学における常識となっていました。消極的平和が、戦争をしない、軍隊を保持しないといった、消極的手段で平和を実現することを意味するのに対して、積極的平和とは、人道主義、人権擁護、難民救済、医療支援、教育支援をはじめとする積極的手段で構造的暴力をなくしていくことを指します。

安倍首相の「積極的平和主義」は「武力による平和」を含んでいるので、平和学における「積極的平和」とはまったく意味が異なることに注意する必要があります。

❖本書ができるまで

一水会機関紙『レコンキスタ』431号（2015年4月号）によると、3月10日、鳩山由紀夫（元首相）、同秘書、木村三浩・一水会代表ら5名の代表団がクリミアを訪問しました。鳩山元首相については、G7の首脳経験者として初のクリミア訪問になります。鳩山元首相はクリミア連邦大学で講演し、アクショノフ首相、コンスタンティノフ国会議長らと意見交換をしたそうです。

この訪問に対して、日本政府は「極めて軽率である」（菅義偉官房長官）、「国際社会に誤解をもたらす」（高村正彦・自民党副総裁）などと述べて中止を求めました。マスコミも日本政府に右へ倣えの報道姿勢であり、鳩山元首相をピエロのごとく揶揄し、猛烈に非難しました。

しかし、木村三浩代表によると、鳩山訪問は「対米追従を続ける占領体制」である日本の現状に対する問題提起であり、戦後日本の言論空間を支配してきたものに対するチャレンジであり、日本の自主外交を求める動きであると言います。その前提には、欧米各国とそのメディアによる「洗脳」から脱することのできない日本、という認識があるのでしょう。

実際、ロシア・ウクライナ問題においても、日本メディアはろくに現地取材もせずに、欧米メディアの一方的な論調を右から左へ垂れ流してきました。これに対して、一水会は2度にわたってクリミア調査団を派遣して、自らの調査に基づいた分析と提言を試みてきました。その結果として鳩山代表団への同行に踏み切ったのでしょう。

ここに一水会に学ぶべき大きな理由があります。自立した精神、現地調査、そのうえでの分析と判断です。

領土問題についても、歴史認識問題についても、憲法改正問題についても、編者の前田は一水会とはまったく立場が異なります。日の丸君が代問題しかり、靖国神社問題しかり、真っ向から対立する見解を持っています。しかし、一水会に学ぶべきことがたくさんあります。

そこで、「東アジアに平和の海をつくる」というテーマを掲げて、木村代表を囲む公開座談会を企画しました。3回の公開座談会の記録をまとめたのが本書です。

――謝辞――

異なる立場の論者が同じ席について、相手の主張に耳を傾けつつ、自らの見解を点検する。主張すべきは主張し、反駁すべきは反駁する。冷静な相互批判と相互学習の場にしたいというコンセプトで、さまざまな方にご協力いただきました。

第1回の朴炳渉さんとはインターネット上で意見交換をしてきましたが、面と向かっての対論は初めてでした。康熙奉さんにはパネラーのお願いをして、当日初めてお話をさせていただきました。

第2回の岡田充さんには、面識がないのにいきなりお手紙を差し上げて協力要請をしたところ直ちに快諾していただきました。陳慶民さんとも当日初めてお目にかかりました。

第3回の鈴木邦男さんには一度講演をお願いしたことがあり、その後も市民運動の集会でお目にかかっていますが、今回改めて広い視野から発言をしていただくことになりました。四宮正貴さんには当日初めてお目にかかりました。他方、清水雅彦さんとは憲法第九条擁護運動の中で長年ご一緒させていただいた仲です。金東鶴さんにも人権擁護活動の中で長年学ばせていただいてきました。

木村さんを含め9名のパネラーが、それぞれの立場から自説を述べ、違いは違いとして認め合いながら、語り合うことができたことに感謝します。

左右の論者の討論・対決と銘打った著作はこれまでにも多数ありますが、激しい言葉をぶつけあい、罵り合うことを論争と勘違いしているものが少なくありません。パフォーマンスも必要かもしれませんが、それでは議論を深めることになりません。冷静な議論を積み重ねることが、次のステップにつながるはずです。
21世紀の東アジアを生きる市民として、どのような社会をつくりたいのか。どのように平和構築を図るのか。どのように他者に向き合うのか。本書を出発点として、さらに議論を深めて行きたいと思います。

２０１５年12月８日

前田　朗

陳慶民（チェン・チンミン）
1947年東京生まれ、東京育ち。中国国籍。父は中国人、母は日本人であり、小学校から大学まで一貫して日本教育を受けた関係で母語は日本語。1971年立教大学経済学部卒業時に起業し現在に至る。その間、東京華僑総会の理事、常務理事を担い、現在は副会長。

岡田充（おかだ・たかし）
1948年北海道生まれ。慶應義塾大学法学部卒業。共同通信社に入社。香港、モスクワ、台北各支局長、編集委員、論説委員を経て客員論説委員。桜美林大学非常勤講師。
主著：『中国と台湾――対立と共存の両岸関係』（講談社現代新書）、『尖閣諸島問題――領土ナショナリズムの魔力』（蒼蒼社）等。

鈴木邦男（すずき・くにお）
1943年福島県生まれ。早稲田大学卒業。1972年、一水会を創設し初代代表に就任する。後に一水会最高顧問。プロレス評論家としても知られる。
主著:『腹腹時計と＜狼＞』（三一書房）、『新右翼』（彩流社）、『夕刻のコペルニクス』（扶桑社）、『言論の覚悟』（創出版）、『愛国者は信用できるか』（講談社現代新書）、『愛国の昭和』（講談社）、『愛国と米国』（平凡社新書）、『右翼は言論の敵か』（ちくま新書）など多数。

四宮正貴（しのみや・まさき）
1947年東京生まれ。二松学舎大学卒業。1982年、四宮政治文化研究所を設立。一水会常任顧問。2010年から季刊誌『伝統と革新』（たちばな出版）を編集。
主著:『天皇国日本論』（展転社）、『創価学会を撃つ!!』（展転社）、『天皇・祭祀・維新』（全貌社）、『平成維新新論』（エスエル出版会）、『歴史と詩歌の旅を行く』（展転社）など。

清水雅彦（しみず・まさひこ）
1966年兵庫県生まれ。2011年4月より日本体育大学准教授、2014年4月より同大学教授。民主主義科学者協会法律部会理事、戦争をさせない1000人委員会事務局長代行。専門は憲法学。
主著:『治安政策としての「安全・安心まちづくり」』（社会評論社）、『憲法を変えて「戦争のボタン」を押しますか？』（高文研）。

金東鶴（キム・トンハク）
1968年京都生まれ。同志社大学法学部卒業。在日本朝鮮人人権協会の副会長兼事務局長。
共著:『在日朝鮮人の歴史と文化』（朴鐘鳴編／明石書店）、『なぜ、いまヘイト・スピーチなのか――差別、暴力、脅迫、迫害』（前田朗編／三一書房）等。

<編者>

木村三浩（きむら・みつひろ）

1956年東京生まれ。慶應義塾大学法学部卒業。統一戦線義勇軍議長、一水会書記長を経て、2000年より一水会代表。月刊『レコンキスタ』発行人。一般社団法人世界愛国者交流協会代表理事。愛国者インターナショナル世界大会（準）実行委員。

主著：『右翼はおわってねえぞ！新民族派宣言』（雷韻出版）、『鬼畜米英　がんばれサダム・フセイン　ふざけんなアメリカ!!』（鹿砦社）、『男気とは何か』（宝島新書）、『憂国論』、『お手軽愛国主義を斬る――新右翼の論理と行動』（ともに彩流社）。

共著：『日本の右翼と左翼』（宝島社）、『右翼の言い分』（アスコム出版、宮崎学と共著）、『領土とナショナリズム』（三一書房、前田朗と共著）、『ウクライナ危機の実相と日露関係』（東アジア共同体研究所編、花伝社）等。『伝統と革新』（たちばな出版）に連載中。

前田　朗（まえだ・あきら）

1955年札幌生まれ。大和民族・日本国籍。中央大学法学部、同大学院法学研究科を経て、現在、東京造形大学教授（専攻：刑事人権論、戦争犯罪論）。朝鮮大学校法律学科講師、日本民主法律家協会理事。

主著：『軍隊のない国家』（日本評論社）、『非国民がやってきた！』（耕文社）、『刑事法再入門』（インパクト出版会）、『人道に対する罪』（青木書店）、『9条を生きる』（青木書店）、『増補新版ヘイト・クライム』（三一書房）、『国民を殺す国家』（耕文社）、『ヘイト・スピーチ法研究序説』（三一書房）他。共編著に『領土とナショナリズム』（三一書房、木村三浩と共著）、『なぜ、いまヘイト・スピーチか』（三一書房、編著）、『21世紀のグローバル・ファシズム』（耕文社）、『闘う平和学』（三一書房）他。

<執筆者>

康熙奉（カン・ヒボン）

在日本朝鮮社会科学者協会中央理事会理事、朝鮮社会科学院兼任研究士、博士（朝鮮民主主義人民共和国）。

主著：『近代米国の朝鮮政策と日本』（朝鮮大学校出版部、日本語）、『先軍政治と反覇権主義』（朝鮮語）、『先軍26の疑問』（朝鮮語）等。

朴炳渉（パク・ピョンソビ）

在日韓国人二世。東京教育大学（現筑波大学）卒業。竹島＝独島問題研究ネット代表、サイト「竹島＝独島論争（資料集）」http://www.kr-jp.net/ にて竹島＝独島問題ネットニュースや研究情報を公開。

主著：『竹島＝独島論争』（新幹社）、『韓末 欝陵島・独島漁業』（韓国海洋水産開発院）など多数。訳書は『欝陵島・独島（竹島）歴史研究』（新幹社）。

東《ひがし》アジアに平和《へいわ》の海《うみ》を――立場《たちば》のちがいを乗《の》り越《こ》えて

2015年12月31日　初版第一刷

編　者　前田朗・木村三浩 ©2015
発行者　竹内淳夫
発行所　株式会社 彩流社
〒102-0071 東京都千代田区富士見2-2-2
電話　03-3234-5931
FAX　03-3234-5932
http://www.sairyusha.co.jp/

編　集　出口綾子
装　丁　黒瀬章夫
印　刷　モリモト印刷株式会社
製　本　株式会社難波製本

Printed in Japan　ISBN978-4-7791-2166-1 C0036
定価はカバーに表示してあります。乱丁・落丁本はお取り替えいたします。